KB076154

북클럽의 비밀

도모생애교육신서 32

북클럽의 비밀

지은이 | 이인희

펴낸이 | 원성삼

표지디자인 | 하지영

펴낸곳 | 예영커뮤니케이션

초판 1쇄 발행 | 2015년 7월 30일

초판 4쇄 발행 | 2022년 3월 31일

등록일 | 1992년 3월 1일 제 2-1349호

주소 | 03128 서울시 종로구 대학로3길 29, 313호((연지동, 한국교회100주년기념관)

전화 | (02) 766-8931

팩스 | (02) 766-8934

이메일 | jeyoung@chol.com

ISBN 978-89-8350-921-5 (04370)
ISBN 978-89-8350-738-9 (04370) 세트

값 12,500원

이 도서의 국립중앙도서관 출판예정도서목록(CIP)은 서지정보유통지원시스템 홈페이지
(http://seoji.nl.go.kr)와 국가자료공동목록시스템(http://www.nl.go.kr/kolis-
net)에서 이용하실 수 있습니다.(CIP제어번호: CIP2015018949)

모든 인간은 하나님의 형상을 닮은 존귀한 존재입니다. 사람은 인종, 민족, 피
부색, 문화, 언어에 관계없이 모두 다 존귀합니다. 예영커뮤니케이션은 이러한
정신에 근거해 모든 인간이 존귀한 삶을 사는 데 필요한 지식과 문화를 예수 그리스도의
사랑으로 보급함으로써 우리가 속한 사회에 기여하고자 합니다.

도모생애교육신서 ③②

북클럽의 비밀

'꿈꾸는' 이인희 지음

예영커뮤니케이션

축복된 만남

"책, 책, 책, 정말 지겨워."

'나도 한때는 책을 정말 좋아했는데….'

책 속 서현이의 말입니다.

동시에 지금 제 주변에 있는 학생들의 말이기도 합니다.

'나도 한때는 책을 정말 좋아했는데….'

10년 이상 학생들에게 독서 지도를 하면서 가장 많이 듣는 말입니다.

'책을 좋아하다'의 반대말은 '책을 싫어하다'가 아니라 '책을 좋아했다'입니다.

사람은 누구나 이야기를 좋아합니다.

책도 일종의 이야기이기 때문에 처음부터 책을 싫어하는 사람은 없습니다.

그런데 학생들의 입에서 '책을 좋아했다'라는 표현이 나오는 이유는 뭘까요?

북클럽이 꾸민 음모 때문입니다.

북클럽은 책이 지닌 힘을 압니다.

그들은 책이 갖고 있는 힘을 알기에 온갖 수단과 방법을 동원해 학생들이 책과 멀어지게 합니다.

북클럽의 음모는 아주 치밀하고 은밀하여 쉽게 눈에 띄지 않습니다.

우리가 그들의 음모에 속고 있는 줄도 모르는 이유가 여기에 있습니다.

부끄럽지만 저 역시 오랫동안 북클럽의 음모에 속았습니다.

거지아찌를 만나기 전까지 말입니다.

거지아찌는 제게 북클럽이 꾸미는 무서운 세상에 대해 들려주었습니다.

저는 북클럽의 음모를 깨닫고 이제는 북클럽의 음모를 밝히는 프로젝트를 진행하고 있습니다.

북클럽의 음모가 은밀하게 진행되고 있듯, 이 프로젝트 역시 은밀하게 진행되고 있습니다.

비밀 프로젝트를 진행하면서 수많은 학생을 만났습니다.

거지아찌가 들려준 북클럽의 비밀을 학생들에게 전해 주었을 뿐인데, '책을 좋아했던' 학생들이 '책을 좋아하는' 학생들로 변화되고 있습니다.

사실, 처음에는 북클럽의 음모 따위는 믿지 않았습니다.

게다가 거지아찌의 가르침도 확신할 수 없었습니다.

하지만 프로젝트를 진행하면서 거지아찌가 옳았다는 사실을 깨달았습니다.

이런 의미에서 이 책은 두려운 책입니다.

왜냐하면 북클럽의 음모를 폭로하는 책이기 때문입니다.

동시에 이 책은 희망적인 책이기도 합니다.

왜냐하면 거지아찌의 가르침을 담은 책이기도 하기 때문입니다.

"책, 책, 책, 정말 지겨워."

'나도 한때는 책을 정말 좋아했는데….'

서현이의 말에 고통이 느껴집니다.

고통은 사랑하기 때문에 받는 것입니다.

책을 사랑했는데 지금은 사랑할 수 없으니 고통스러운 것입니다.

누군가 이러한 고통 중에 있다면 거지아찌를 꼭 만나시길 바랍니다.

거지아찌가 고통을 빠져나올 새로운 희망을 선물해 줄 것입니다.

저에게 그랬듯이. 그리고 서현이에게 그랬듯이.

목차

전국 독서 퀴즈 대회 • 9

거지아찌 • 19

공원에서 • 27

'책을 좋아하다'의 반대말 • 37

북클럽 회원 • 49

비밀 약속 • 61

비밀 장소 • 73

시간을 빼앗는 자 • 87

환경을 빼앗는 자 • 101

목적을 빼앗는 자 • 115

선택을 빼앗는 자 • 129

마지막 미션 • 143

마음을 빼앗는 자 • 159

마지막 음모 • 171

만남 • 187

진짜 비밀 • 199

전국 독서 퀴즈 대회

토요일 오후, 스튜디오는 열기로 가득했다.

"이제 마지막 한 문제만 남겨 두고 있습니다."

남자 아나운서의 목소리에서 긴장감이 묻어났다.

"지금 도전자는 어떤 마음일지 궁금합니다."

남자 아나운서는 마이크를 들고 혼자 남아 있는 도전자를 향해 걸어갔다.

남자 아나운서를 따라 카메라가 움직였다.

"임서현 양, 지금 심정은 어떻습니까?"

서현이의 모습이 카메라에 잡혔다.

긴 생머리에 단정한 교복차림이 잘 어울렸다.

들뜬 주변 분위기와는 달리 서현이는 차분하게 말을 이어 갔다.

"조금 떨리긴 하지만 여기까지 올라온 것만으로도 만족해요. 지금도 충분히 기쁩니다."

서현이는 고2 학생이라고 믿기 어려울 만큼 침착했다.

"정말 훌륭합니다. 끝까지 최선을 다해 드림북을 펼쳐 주시길 바랍니다."

인터뷰를 마친 남자 아나운서가 여자 아나운서를 보면서 외쳤다.

"마지막 문제 주시죠."

카메라가 여자 아나운서를 잡았다.

여자 아나운서가 조금 상기된 목소리로 말을 이어 갔다.

"서현 양, 지금까지 한 문제도 틀리지 않고 여기까지 왔습니다. 마지막 문제도 침착하게 잘 듣고 풀어 주시길 바랍니다."

여자 아나운서의 시선이 마지막 문제가 적혀 있는 종이로 향했다.

오직 숨소리만 들릴 뿐 사방이 고요했다.

이어 여자 아나운서의 목소리가 들렸다.

"마지막 문제는『어린왕자』에 관한 질문입니다."

'어린왕자?'

서현이는 거지아찌를 떠올렸다.

6년 전 거지아찌와 함께한 특별한 만남이 생각났다.

여자 아나운서의 목소리가 서현이를 추억의 자리에서 다시 스튜디오로 옮겨 놓았다.

"『어린왕자』는 프랑스 작가 생텍쥐페리가 지은 소설로 소행성 B612에 살고 있는 어린왕자와 장미와의 관계를 다룬 내용입니다. 어린왕자는 장미와의 갈등 때문에 자신이 살던 별을 떠나 지구를 방문하게 됩니다. 어린왕자는 지구에서 여우를 만나게 되고, 여우를 통해 관계맺음에 관한 소중한 가치를 배우게 됩니다. 결국 어린왕자는 장미의 소중함을 깨달아 소행성 B612로 다시 돌아갑니다. 여기서 문제 나갑니다."

서현이는 두 눈에 힘이 들어갔다.

"어우는 길들임이란 관계를 맺는 것이고, 길들임에는 반드시 이것이 필요하다고 말합니다. 어린왕자가 여우를 통해 깨달은 '이것은' 무엇입니까?"

주변에서는 한숨이 쏟아져 나왔다.

마지막 질문은 책을 읽고 핵심 주제를 파악해야 알 수 있는 문제였다.

모든 시선이 서현이의 손으로 향했다.

서현이는 두 눈을 감았다.

10여 초 이상 침묵이 흘렀다.

"서현 양! 이제 답을 적어 주시길 바랍니다."

여자 아나운서가 침묵을 깨고 말했다.

서현이는 『어린왕자』를 6년 전에 읽었다.

마지막 수업을 할 때 거지아찌가 서현이에게 이 책을 선물해 주었다.

책을 싫어하던 서현이가 다시 책에 흥미를 갖게 된 이유도 이 책 때문이었다.

서현이는 『어린왕자』 책이 좋았다.

코끼리를 삼키는 보아 뱀.
양이 담긴 상자.
작은 별에 살고 있는 어린왕자.
책 속에 담긴 순수하고 독특한 그림들이 서현이의 마음을 사로잡았다.
물론 12살 서현이가 내용을 이해하기에는 쉽지 않았지만 비밀로 가득한 이 책이 서현이는 마음에 들었다.
하지만 마지막 문제를 푸는 데 어린 시절의 추억은 도움이 되지 않았다.
서현이의 손은 여전히 움직임이 없었다.

"마지막 힌트 드리겠습니다."
여자 아나운서의 목소리에서 안타까움이 느껴졌다.
"『어린왕자』는 자서전적 소설입니다. 소설 속 장미와 어린왕자는 조각가였던 아내와 문학가였던 자신의 관계를 상징합니다. 작가는 이 소설을 통해 관계에는 반드시 성실한 이것이 필요하다고 주장했습니다."

'관계?'

'관계'라는 단어를 듣는 순간, 잊고 있던 목소리가 들렸다.

'찢어라.'

거지아찌의 목소리가 선명하게 마음에 울렸다.

'책을 읽는 것은 관계를 맺는 일이지.'

그리운 목소리가 서현이의 마음을 흔들었다.

'『어린왕자』는 관계 맺는 것이 왜 중요하고, 관계에는 왜 책임이 필요한지 알려 주는 책이야. 언젠가 이 책이 네게 큰 도움이 될 거다.'

6년 전 거지아찌와 함께했던 마지막 수업이 영화처럼 머릿속을 스쳐 지나갔다.

"마지막 3초 드리겠습니다."

여자 아나운서의 다급한 소리가 들렸다.

"3, 2 … "

서현이의 손에 들린 펜이 정답판 위를 미끄러지듯 지나
갔다.

기대어린 함성이 스튜디오를 가득 채웠다.

"아! 서현 양이 무언가를 적었습니다!"

남자 아나운서가 홍분하며 말을 이어 갔다.

남자 아나운서가 답을 적은 서현이 옆으로 다가갔다.

"임서현 양, 정답판에 무언가를 적었는데요. 자신이 쓴
답에 자신 있습니까?"

서현이는 침착하게 말했다.

"6년 전에 읽었던 책이라 내용은 잘 기억나지 않아요. 그
런데 어떤 분과 이 책에 대해 함께 나누었던 기억이 나서
그 기억을 더듬어 답을 적었어요."

"그때 나누었던 기억이 꼭 정답으로 이어졌으면 좋겠습
니다!"

남자 아나운서는 '꼭'이라는 단어를 유난히 길게 늘어뜨
렸다.

"그럼 이제 서현 양이 쓴 답을 확인해 보겠습니다. 정답

판 들어 주시죠!"

모두가 서현이가 든 정답판에 시선이 쏠렸다.

서현이가 쓴 정답판에는 '책임'이라는 두 글자가 선명하게 적혀 있었다.

이어 여자 아나운서의 흥분된 목소리가 들렸다.

"서현 양! 정답판에 '책임'이라고 써 주셨는데요. 만일 '책임'이 정답이면 전국 독서 퀴즈 대회 역사상 첫 번째 드림북을 펼치는 학생이 될 것입니다."

3년 전, 교육부 장관이 바뀌면서 모든 교육 현장에 '독서'를 강조하기 시작했다.

아침 30분 몰입 독서.

지역 내 작은 도서관 운영 지원.

방과후 독서 교실.

이 외에 다양한 독서 교육 정책이 실시되었다.

'전국 독서 퀴즈 대회'는 이러한 독서 교육 정책의 하나로 3년 전부터 실시되었다.

매년 전국 독서광들이 예선과 본선 심사를 거쳐 '드림북'을 펼치기 위해 도전장을 내밀었다. 그러나 지금까지 '드림북'을 펼친 영웅은 한 명도 나오지 않았다.

새로운 역사를 쓰게 될 수도 있는 자리에 서현이는 최후의 1인으로 남아 있었다.

남자 아나운서가 흥분을 감추지 못하고 말했다.

"제가 더 떨리네요. 마지막 문제의 정답을 바로 확인하겠습니다."

여자 아나운서가 다시 마이크를 잡았다.

"드림북 마지막 문제의 정답은?"

거지아찌

"초등학교 5학년이나 돼서 또 만화책이니? 논술학원에서 정해 준 책 다 읽었어?"

엄마의 잔소리가 또 시작되었다.

"엄마! 나 그 책 읽기 싫어. 재미도 없고, 너무 어려워."

"독서를 재미로 하니? 독서는 공부를 위한 훈련이야. 몇 번을 말해야 알아듣겠니?"

매일 반복되는 싸움이었다.

"엄마! 그냥 내가 읽고 싶은 책 읽으면 안 돼?"

"학원에서 추천한 책부터 먼저 읽고 나중에 네가 읽고 싶은 책 읽으면 되잖아."

엄마는 한치의 양보도 하지 않았다.

"엄마! 나 논술학원 안 다니면 안 돼?"

"또 그 소리니? 몇 번을 말해야 해? 독서가 돼야 다른 과목 성적도 오른다고!"

엄마 목소리에는 짜증이 배어 있었다.

"앞으로 절대 책 안 읽을 거야!"

서현이는 방을 나와 버렸다.

"야! 임서현, 너 책 안 읽고 어디가?"

서현이는 엄마 말을 무시하고 현관문을 열어젖혔다.

뒤통수 너머로 엄마의 날카로운 목소리가 들렸지만 애써 무시했다.

"책, 책, 책, 정말 지겨워!"

대문을 확 열어젖히며 소리를 질렀다.

고함 소리에 박스를 줍던 거지아찌가 고개를 돌려 서현이를 쳐다보았다.

눈이 마주친 거지아찌는 서현이의 눈을 피하려다 이미 늦었다는 사실을 알고 미소를 지었다.

"아이! 재수 없어."

서현이는 거지아찌가 충분히 들을 수 있는 소리로 중얼거렸다.

거지아찌는 서현이의 말에 신경 쓰지 않고, 다시 쓰레기 더미 사이에서 박스를 줍고 있었다.

서현이는 이번 주만 벌써 거지아찌를 세 번이나 만났다.

한 달 전부터, 서현이가 살고 있는 동네에 쓰레기를 줍는 거지아찌가 나타났다.

40대 중반으로 보였지만 늘 모자를 눌러쓰고 있어 나이를 가늠할 수가 없었다.

머리는 먼지로 덮여 있었고, 몸에서는 심한 냄새가 났다.

왜 이곳에서 쓰레기를 줍고 있는지, 사는 곳이 어디인지, 이름이 무엇인지 그에 대해 아는 사람은 아무도 없었다.

단지 어린아이들은 쓰레기를 줍는 이 사람을 '거지아찌'라고 불렀다.

동네 아저씨들은 거지아찌를 보면 "사지 멀쩡한 사람이 할 짓이 없어 거지행세를 해!" 하며 눈살부터 찌푸렸다.

동네 아주머니들은 거지아찌가 유괴범이나 탈주범일지도 모른다며 거지아찌가 나타나면 아이들을 안고 집으로 도망가기에 바빴다.

어린 자녀를 둔 엄마들은 "말 안 들으면 저 사람처럼 된다." 라며 아이들에게 겁을 주었다.

아이들도 어른들이 대하는 모습 그대로 거지아찌를 대했다.

그들은 거지아찌를 볼 때마다 놀렸다.

심지어 거지아찌를 향해 돌을 던지며 자신의 용기를 뽐내는 아이들도 있었다.

거지아찌는 그런 행동에 단지 바보 미소만 지었다.

아이들은 거지아찌가 '벙어리'라고 생각했다.

서현이는 사람들의 비웃음에도 그저 바보 미소만 짓는 거지아찌가 싫었다.

서현이는 미소를 잃은 지 오래되었다.

이것이 서현이가 거지아찌의 미소를 싫어하는 이유였다.

초등학교 1학년 때 서현이는 아빠를 잃었다.

예상치 못한 아빠의 죽음은 서현이의 웃음을 앗아갔다.

서현이의 아빠는 대학에서 학생들을 가르쳤다.

아빠는 연구 프로젝트를 맡아 주말도 없이 지냈다.

아빠와 함께할 시간은 없었지만 서현이는 외롭지 않았다.

엄마가 있었기 때문이다.

그러던 어느 날, 평소와 같이 연구를 마치고 집으로 돌아오던 아빠는 졸음운전을 하다가 중앙선을 침범했다.

아빠가 운전하던 차는 맞은편에서 달려오던 트럭과 정면으로 충돌했다.

그 사고로 아빠는 서현이와 엄마 곁을 떠났다.

아빠가 세상을 떠나자 엄마는 아빠의 빈자리를 채우기 위해 일터로 가야 했다.

아침부터 밤늦게까지 서현이는 집에서 엄마를 기다렸다.

서현이는 엄마가 일하러 가는 것이 싫었고, 엄마를 기다리는 것은 더욱 싫었다.

지금 상황을 이해하기에 서현이는 너무 어렸다.

단지, 자신에게 행복을 주었던 엄마를 빼앗아 간 아빠가 미웠다.

무엇보다 자신의 웃음을 빼앗아 간 아빠가 미웠다.

웃음을 잃은 서현이에게 거지아찌의 바보 미소는 서현이를 더욱 비참하게 만들었다.

"쓰레기를 줍는 거지 주제에 뭐가 좋아서 저렇게 웃는지…."

쓰레기를 뒤지며 여전히 미소를 짓고 있는 거지아찌를 향해 서현이는 눈을 흘기며 중얼거렸다.

서현이는 엄마의 잔소리와 거지아찌의 미소를 피해 발걸음을 공원으로 옮겼다.

서현이는 손을 뻗어 거지아찌의 손을 잡았다.
거지아찌의 손이 예상과 달리 따뜻했다.
두 신사가 손을 맞잡은 두 사람의 뒤를 쫓았다.

공원에서

'서(書)현(賢)'

'글 서', '어질 현'. 글을 읽고 어진 사람이 되라고 아빠가 지어 준 이름이었다.

그런데 서현이는 이제 책이라면 보기도 싫었다.

서현이는 이 사실을 받아들이기가 힘들었다.

왜냐하면 서현이는 어렸을 적 엄마와 함께 책 읽는 것을 좋아했기 때문이다.

"엄마! 또, 읽어 줘! 또!"

어렸을 때 서현이의 별명은 '또또'였다.

엄마의 손에서 책을 놓지 못하게 할 정도로 책을 좋아

했다.

서현이는 책을 통해 세상을 만났다.

모든 것이 즐거웠다.

이제 익숙한 슬픔도, 지금 잃어버린 웃음도 서현이는 책을 통해 배웠다.

그런 서현이를 볼 때마다 엄마는 흐뭇했다.

'나도 한때는 책을 정말 좋아했는데….'

책을 좋아했던 어린 시절을 생각하니 서현이는 더욱 우울해졌다.

일요일 오후.

공원에 가면 사람들이 많을 것 같아 그곳으로 향했다.

추워진 날씨 탓인지 사람이 없었다.

낙엽 밟는 소리가 서현이를 더욱 쓸쓸하게 했다.

'바스락'

낙엽 밟는 소리가 처량했다.

'타다닥 타닥'

멀리서 들려오는 다급한 발소리가 낙엽 밟는 소리를 덮었다.

서현이는 소리 나는 쪽으로 고개를 돌렸다.

거친 숨을 몰아쉬며 뒤에서 누군가가 뛰어오고 있었다.

운동 복장이 아닌 것으로 보아 쫓기고 있는 듯했다.

이내 익숙한 얼굴이 서현이의 눈에 들어왔다.

'거지아찌?'

평소에 입고 있던 회색 코트는 없었지만, 늘 눌러쓰던 모자로 보아 '거지아찌'가 분명했다.

거지아찌는 몹시 두려운 듯 뒤를 돌아보며 서현이를 향해 달려오고 있었다.

서현이는 이 상황을 이해하려고 애썼다.

하지만 상황이 너무 급작스럽게 흘러가고 있었다.

서현이를 본 거지아찌는 모자를 벗어 길가 쓰레기 더미에 던져 버렸다.

거지아찌는 달리던 속도를 줄이고 서현이의 왼편에 서서 나란히 걷기 시작했다.

거지아찌는 거친 숨을 몰아쉬며 말했다.

"서현아! 날 좀 도와줘!"

거지아찌의 목소리에는 다급함이 묻어났다.

순간 서현이는 귀를 의심했다.

벙어리인 줄 알았던 거지아찌가 말을 했다.

그러나 서현이는 거지아찌가 자기 이름을 알고 있다는
사실에 더 놀랐다.

놀라움은 다시 두려움으로 바뀌었다.

서현이는 이 상황이 무서웠다.

이 상황에서 달아나고 싶었지만 어떻게 벗어나야 할지
몰랐다.

당황하고 있는 순간, 다시 한 번 거지아찌의 간절한 말소
리가 들렸다.

"서현아! 잠깐만 나와 함께 걸어 주면 돼! 부탁이야."

서현이가 당황하는 사이, 멀리서 또 다른 발소리가 다급
하게 들렸다.

20대 청년으로 보이는 검은 양복을 입은 두 신사가 모습을 드러냈다.

  두 청년은 주변을 두리번거리며 나란히 걷고 있던 두 사람을 향해 달려오고 있었다.

  "아이 이 쥐새끼, 어디로 간 거야~."

  나란히 걷고 있는 두 사람 뒤에서 거친 말소리가 들렸다.

  다급한 발소리는 잦아들고, 두 신사는 누군가를 찾듯 주변을 살폈다.

  "멀리 가진 못했을 거야!"

  두 신사가 주고받는 말소리가 오갔다.

  서현이의 머릿속은 복잡했다.

  동시에 거지아찌에 관한 수많은 소문도 머릿속에 떠올랐다.

  '유괴범, 탈주범….'

  두려움이 밀려왔다.

  '살려 주세요!'

  이 한마디만 하면 서현이는 모든 두려움에서 자유로울

수 있었다.

서현이는 두 신사의 구둣발 소리가 더 가까워지기를 기다렸다.

서현이는 뒤를 살짝 돌아보려다가 거지아찌와 눈이 마주쳤다.

'바보 미소.'

거지아찌는 이 상황에서도 서현이에게 바보 미소를 지어 보였다.

순간, 이 웃음을 보니 돌아가신 아빠의 얼굴이 스쳐 지나갔다.

서현이는 아빠의 얼굴을 거의 볼 수 없었다.

반면 아빠는 집에 돌아오면 언제나 서현이가 잠든 침대를 찾았다.

한번은 늦은 밤, 서현이가 잠에서 깬 적이 있었다.

침대 옆에 아빠가 앉아 있었다.

"아빠!"

잠결에 서현이는 아빠를 불렀다.

아빠는 잠에서 깬 서현이를 바라보며, 나지막한 소리로 속삭였다.

"사랑하는 딸! 잘자."

아빠는 서현이의 볼에 입을 맞추고 미소를 지어 보였다.

서현이도 아빠의 손을 잡으며 미소를 보냈다.

서현이는 아빠의 따뜻한 시선과 미소를 느끼며 다시 잠이 들었다.

이것이 유일하게 서현이가 기억하는 아빠에 대한 좋은 추억이었다.

순간 서현이는 아빠가 그리웠다.

아빠의 따뜻한 시선이 그리웠다.

아빠의 따뜻한 미소가 그리웠다.

두 신사의 발소리는 이제 두 걸음 뒤로 가까워졌다.

발소리가 가까워질수록 거지아찌의 손끝 떨림도 커졌다.

서현이는 왼손을 내밀어 떨리는 거지아찌의 오른손을 잡

으려 했다.

　그런데 손을 뻗으려는 순간, 거지아찌의 오른손이 눈에 들어왔다.

　거지아찌의 오른 손등이 다양한 크기의 흰색 반점들로 가득했다.

　마치 손에 지도가 그려져 있는 듯했다.

　한 번도 이런 손을 본 적이 없던 서현이는 멈칫했다.

　그러나 거지아찌의 손끝이 심하게 떨리는 것을 보자 다시 용기가 났다.

서현이는 손을 뻗어 거지아찌의 손을 잡았다.

거지아찌의 손이 예상과 달리 따뜻했다.

두 신사가 손을 맞잡은 두 사람의 뒤를 쫓았다.

서현이는 거지아찌를 올려다보며 조금 과장된 목소리로 말했다.

"아빠! 오늘 학교에서 무슨 일이 있었는지 아세요?"

거지아찌는 놀란 눈으로 서현이를 내려다보았다.

서현이는 거지아찌의 손을 꾹 눌렀다.

그제야 거지아찌는 바보 미소를 보이며 말을 이어받았다.

"무슨 일이 있었는데?"

거지아찌와 서현이의 대화가 오가는 사이, 두 신사의 발소리는 두 사람 사이를 스쳐 지나갔다.

두 신사의 모습이 시야에서 사라지자 거지아찌는 꼭 쥐었던 손을 폈다.

거지아찌의 손은 땀으로 흥건하게 젖어 있었다.

서현이의 손에도 땀이 흥건하게 배어 있었다.

"너 혹시, '책을 좋아하다'의 반대말이 무엇인지 아니?"
갑작스러운 아저씨의 질문에 서현이는 잠시 생각한 후에 대답했다.
"책을 싫어하다?"

'책을 좋아하다'의 반대말

긴장이 풀린 두 사람은 공원 의자에 앉았다.

"고맙다. 서현아!"

어색한 침묵을 깨며 거지아찌가 말했다.

서현이는 궁금했던 질문을 던졌다.

"어떻게 제 이름을 아세요?"

"너희 집 앞에서 박스를 줍다가 네가 엄마와 다투는 소리를 들었단다."

서현이는 마치 자신의 비밀 일기장을 누군가가 본 것 같아 부끄러웠다.

"그런데 엄마와 왜 다투었는지 물어봐도 되니?"

단순한 질문이지만 복잡한 과거를 이야기해야 할 것 같아 서현이는 말하는 것을 주저했다.

"말하기 싫으면 말하지 않아도 돼."

순간, 서현이의 시선은 다시 흰색 반점이 가득한 거지아찌의 오른손에 멈췄다.

서현이의 눈을 의식했는지 거지아찌가 왼손으로 오른손을 가렸다.

그러나 오래지 않아 다시 손을 보이며 말을 계속했다.

"아! 이거 백반증이라는 피부병인데 태어나서부터 생겼단다."

서현이는 피부병이라는 말에 혹시 옮지는 않을까 두려웠다.

거지아찌는 서현이의 마음을 알고 있다는 듯 웃으며 말했다.

"손 때문에 어렸을 때 친구들에게 놀림을 많이 받았지. 심지어 문둥병이라며 나를 멀리하는 친구들도 많았고…."

서현이는 친구들에게 '아빠 없는 애!'라고 놀림을 받았던

때를 기억했다.

"백반증은 보기에 좀 흉하지만 전염병은 아니니까 안심
해도 괜찮아."

서현이는 전염병이 아니라는 사실에 안심이 되었다.

또한 자신의 상처를 숨김없이 보여 주는 거지아찌가 갑
자기 친근하게 느껴졌다.

"책이요."

"책?"

"네, 제가 책을 읽지 않고 컴퓨터 게임만 해서 엄마가 화가 났어요."

"책 읽는 것을 싫어하니?"

"네, 아니오."

서현이는 어떻게 대답해야 할지 몰랐다.

서현이는 애매하게 대답한 후 어렵게 입을 열었다.

"사실, 어렸을 때는 책을 좋아했어요. 그런데 초등학교에 가고 나서는 책과 멀어졌어요."

"무슨 특별한 일이라도 있었니?"

서현이는 한 번도 다른 사람에게 속마음을 말해 본 적이 없었다.

그래서 아픈 과거를 말하는 것이 힘들었다.

"제가 1학년 때, 아빠가 갑자기 돌아가셨거든요."

거지아찌는 말없이 이야기를 듣고 있었다.

"그 후로 아빠 대신 엄마가 일해야 했고, 저는 혼자 집에 남아 시간을 보내야 했어요."

거지아찌는 고개를 끄덕이며 서현이가 하는 말을 듣고

있었다.

"저는 책을 읽으면서 엄마를 기다렸어요. 그런데 책을 읽을수록 엄마와 함께 책을 읽던 때가 생각나서 슬펐어요."

서현이의 목소리가 조금 떨렸다.

"저는 책 대신 다른 것에 정신을 쏟아야 했어요. 그렇지 않으면 미칠 것 같았거든요. 그때 눈에 들어온 게 컴퓨터였고, 그때부터 컴퓨터 게임에 빠지기 시작했어요."

서현이는 이야기를 계속했다.

"게임만 하면 시간이 정말 잘 갔어요. 그러던 어느 날, 엄마는 제가 책은 읽지 않고 게임만 하는 걸 알게 됐어요. 물론 엄마는 무척 화가 나셨죠. 엄마는 곧장 서점에서 다양한 문학전집과 추천도서를 잔뜩 사 오셨어요. 책이 많으면 제가 게임 대신 책을 읽을 거라고 믿으셨던 거죠. 하지만 저는 여전히 책 읽는 것이 싫었어요."

서현이는 거지아찌가 자신을 한심하게 생각할 것 같아 이야기 도중 거지아찌를 올려다보았다.

거지아찌는 진지하게 서현이의 이야기에 귀를 기울이고

있었다.

"전 여전히 게임을 했고, 제 의지로 책을 읽을 수 없다고 판단한 엄마는 저를 논술학원에 보냈어요."

서현이는 '논술학원'을 특히 강조하며 말을 이어 갔다.

"엄마는 제가 논술학원에 가면 책을 더 가까이 할 거라 믿으셨던 거예요. 하지만 결과는 정반대였어요."

"왜?"

"논술학원에서는 매주 두 권씩 필독서를 정해 주었는데 가끔 재미있는 책도 있었지만 대부분 제가 좋아하는 책들이 아니었어요. 내용도 어려웠고요. 게다가 책을 읽고 써야 할 감상문은 저를 너무 힘들게 했어요."

서현이는 한숨을 쉬며 속마음을 털어놓았다.

"학교에서 하는 수업과 숙제만으로도 벅찼거든요."

"엄마에게 힘들다고 솔직하게 말하지 그랬니?"

"처음에는 말하는 것이 두려웠어요. 사실, 엄마도 일 때문에 힘들어 하셨거든요. 엄마도 많이 힘든데 저까지 짐이 되는 게 싫었어요. 그런데 강제로 하는 책 읽기가 그나마 조금 남아 있던 책에 대한 좋은 이미지까지 지워 버릴 것 같아 두려웠어요."

서현이는 슬픔을 누르기 위해 잠시 말을 멈춘 후 다시 말을 이어 갔다.

"그래서 어렵게 엄마에게 논술학원을 그만 다니고 싶다고 말했죠. 그런데 엄마는 화를 내며 논술학원은 꼭 다녀야 한다고 딱 잘라 말했어요."

서현이의 말 속에 서운함과 슬픔이 묻어 있었다.

"힘든 상황을 어렵게 말했는데 엄마가 오히려 화를 내서 마음이 상했겠네."

"……."

거지아찌는 서현이의 이야기를 들으며 궁금했던 한 가지 사실을 물었다.

"서현아! 그런데 엄마는 왜 너에게 책 읽는 것을 강조하셨니?"

"모두 아빠 때문이에요."

"아빠 때문이라고?"

아빠라는 말이 나오자 서현이의 목소리가 다시 차분해졌다.

"네. 아빠는 독서가 최고의 학습이라고 믿었어요. 바쁘셨던 아빠는 엄마에게 제가 책을 좋아할 수 있는 환경을 만들어 달라고 부탁하셨어요. 아빠가 돌아가신 후 엄마는 아빠와 약속을 지키기 위해 저를 논술학원에 보내셨던 거죠."

이야기를 듣던 거지아찌가 무겁게 입을 열었다.

"서현아! 어쩌면 엄마는 너한테 화가 난 게 아닐 수도 있어. 오히려 아빠와 약속을 지킬 수 없었던 자신에게 화가 났을지도 몰라."

서현이는 한 번도 이런 생각을 해 본 적이 없었다.

학원에서조차 적응하지 못하는 자신 때문에 엄마가 화가 났을 거라 생각했다.

그런데 거지아찌 말을 듣고 보니, 그럴 수도 있다는 생각이 들었다.

"어쩌면 아저씨의 말이 맞을 수도 있겠네요."

"엄마는 책을 좋아했던 네가 책을 싫어하게 된 이유가 바로 자기 때문이라 생각하고 있었을지도 몰라."

순간 엄마가 불쌍하다는 생각이 들었다.

엄마에게 미안한 마음이 들었다.

잠시 침묵이 흐른 후, 서현이가 말을 시작했다.

"아저씨! 시간을 돌릴 수만 있다면 책을 좋아했던 그 시절로 돌아가고 싶어요."

"너 혹시, '책을 좋아하다'의 반대말이 무엇인지 아니?"

갑작스러운 아저씨 질문에 서현이는 잠시 생각한 후에 대답했다.

"책을 싫어하다?"

"아니란다. '책을 좋아하다'의 반대말은 '책을 좋아했다'란다."

"'책을 좋아했다'라고요?"

"그래, 사람은 누구나 이야기를 좋아해. 책도 일종의 이야기야. 그래서 책을 싫어하는 사람은 없어. 그러나 잘못된 독서 방법이나 환경 때문에 사람들은 점차 책을 싫어하게 된 거지."

서현이는 거지아찌 말에 귀를 기울였다.

"흔히, 책을 싫어하는 사람들이 자신은 책과 거리가 멀다고 생각해. 하지만 책을 좋아했던 그 시점에서 올바른 독서 방법을 배운다면 다시 책을 좋아하게 될 거야."

거지아찌의 말을 듣자 서현이의 마음속에 희망이 솟았다.

"그럼, 저도 다시 책을 좋아할 수 있을까요?"

"물론이지. 너 역시, 책을 좋아했던 그 시점에서 올바른 독서 방법을 배운다면 분명히 책을 좋아하게 될 거야."

서현이는 엄마에게 기쁨을 주는 딸이 되고 싶었다.

서현이는 엄마에게 자랑스러운 딸이 되고 싶었다.

"아저씨의 말대로, 저도 다시 책을 좋아하게 되었으면 좋겠어요."

"서현아! 네가 원하면 아저씨가 도와줄게."

"네?"

거지아찌의 마지막 말을 듣는 순간 서현이는 귀를 의심했다.

'거지아찌가 글을 읽을 수나 있을까?'

'정말 거지아찌가 나를 도와줄 수 있을까?'

수많은 질문과 함께 한 가지 의문이 머릿속을 스쳐갔다

'그런데 왜, 거지아찌는 쫓기고 있는 거지?'

"북클럽이요? 그게 뭔데요?"
"북클럽은 책을 읽고 토론하는 전문 독서클럽이야."

북클럽 회원

서현이는 미뤄 왔던 질문을 던졌다.

"그런데…. 아저씨, 아저씨는 왜 쫓기고 있는 거죠?"

거지아찌는 먼저 주변을 살폈다.

이어 작은 목소리로 속삭였다.

"서현아! 그 질문에 답하기 전에 먼저, 나와 한 가지 약속을 해 줄 수 있겠니?"

"어떤 약속인데요?"

"지금부터 내가 하는 말이 믿기지 않더라도 끝까지 들어주겠다고 약속해 줄래?"

서현이는 조용히 고개를 끄덕였다.

"15년 전, 나는 미국에서 교육학 박사과정을 공부했어."

서현이는 거지아찌가 미국 유학을 했다는 사실이 믿기지 않았다.

그러나 거지아찌와 한 약속이 생각나서 이야기를 계속 들었다.

"박사논문을 준비하다가 우연히 '북클럽'이라는 단체를 알게 되었지."

"북클럽이요? 그게 뭔데요?"

"북클럽은 책을 읽고 토론하는 전문 독서클럽이야."

거지아찌는 북클럽에 대한 설명을 덧붙였다.

"북클럽은 세계적인 비밀조직 중 하나야. 북클럽 회원이 되면 세계적인 지도자들과 함께 정보를 교환하며 교제할 수 있는 기회가 생기지."

"와! 대단한데요. 그런데 누구나 북클럽 회원이 될 수 있나요?"

"아니. 북클럽 회원이 되기 위해서는 반드시 특별시험을 통과하고 특별서약도 해야 해."

"특별시험은 알겠는데 특별서약은 또 뭐예요?"

"특별서약은 북클럽 회원이 되기 위해 반드시 거쳐야 할 과정이지."

"특별서약에는 어떤 내용이 들어 있죠?"

거지아찌는 다시 한 번 주위를 둘러본 후 조심스럽게 입을 열었다.

"첫째, 북클럽 음모를 절대 외부 사람들에게 말하지 말 것."

"둘째, 한 번 북클럽 회원이 되면 절대 탈퇴할 수 없음."

"왜 이런 특별서약을 만든 거죠?"

"북클럽 회원들은 그들만의 비밀조직을 원해. 그들은 자신들의 단체가 세상에 알려지기를 원치 않거든."

서현이는 거지아찌의 말에 빠져들고 있었다.

"그럼, 아저씨도 북클럽 회원이 되길 원했나요?"

"물론이야. 나는 세계적인 교육학자가 되고 싶었어. 그 꿈을 이루기 위해 세계적인 학자들과의 만남이 필요했지."

"그럼 아저씨도 북클럽 회원이 되기 위한 특별시험을 봤어요?"

거지아찌는 웃으며 말했다.

"그럼. 철학, 문학, 역사, 정치, 경제, 사회, 문화, 예술, 종교까지 모든 영역에 대한 책을 읽고 토론해야 했는데 정말 치열한 과정이었지."

"그래서요?"

서현이는 거지아찌가 특별시험에 통과했는지 궁금했다.

"힘든 과정이었지만 운이 좋게도 특별시험에 통과했어."

"그럼 특별서약은요?"

"물론 특별서약도 했지."

"와! 아저씨가 원했던 북클럽 회원이 돼서 좋았겠어요."

서현이는 마치 자신이 북클럽 회원이 된 것마냥 기뻐했다.

하지만 거지아찌 얼굴에는 슬픔이 서려 있었다.

"아니, 정말 슬펐단다."

"왜요?"

"북클럽은 내가 생각했던 모임과 달랐거든."

"그게 무슨 말이에요?"

"나는 북클럽의 회원이 되어 세계적인 학자들과 책을 읽고 토론할 것을 기대했어. 하지만 북클럽 회원들은 책을 읽지 못하게 음모를 꾸미는 데 더 관심이 많았지."

"말도 안 돼. 책을 읽지 못하도록 음모를 꾸몄다고요?"

"그래. 북클럽 회원들은 세상 사람들이 책을 읽지 못하도록 음모를 꾸미고 있었어."

"왜죠?"

"책을 읽으면 세상을 다스리는 원리를 이해하게 되기 때문이야. 북클럽 회원들은 지금까지 인류가 책의 지배를 받아 왔다는 사실을 알고 있었어. 누구보다도 책이 지닌 힘을 알고 있었지."

"그렇다면 오히려 책을 많이 읽도록 도와야 하지 않나요?"

"물론 그래야 해! 그러나 그들은 사람들이 똑똑해지는 것을 원치 않아. 왜냐하면 책이 지닌 힘을 자신들만 갖길 원했거든."

서현이는 귀를 의심했다.

북클럽 회원들이 존재한다는 사실도 믿기지 않았지만 책의 힘을 믿는 사람들이 책을 읽지 못하도록 음모를 꾸민다는 사실에 놀란 입을 다물지 못했다.

거지아찌는 몇 가지 사실을 덧붙였다.

"북클럽 회원들이 꾸미는 음모는 고대 왕들이 책을 불태우려고 했던 시도나 중세 수도사들이 자신들만 책을 소유하려고 했던 시도와 비슷하지."

서현이는 수업 시간에 이런 내용을 들은 적이 있었다.

"하지만 이제 책을 마음껏 볼 수 있고, 누구나 책을 소유할 수 있는데 북클럽 회원들의 음모가 무슨 소용이 있죠?"

서현이가 거지아찌의 말을 반박했다.

"바로 그 점이 북클럽 회원들이 새로운 음모를 꾸미려는 이유야. 북클럽 회원들은 역사를 통해 강제로 책을 못 읽게 하는 데 한계가 있다는 사실을 인정했지."

거지아찌는 심각한 표정으로 말을 이어 나갔다.

"그들은 새로운 전략이 필요했어. 즉 책을 권장하는 척하면서 읽지 못하도록 만드는 세련되고 은밀한 방법 말이야."

거지아찌는 잠시 말을 멈춘 후 다시 북클럽 회원들의 음모에 대해 설명했다.

"북클럽 회원들은 은밀하고 치밀한 계획을 세우기 시작했어. 그리고 오랜 연구 끝에 모두 다섯 가지 음모를 꾸몄어."

"다섯 가지 음모요?"

거지아찌는 다시 한 번 주위를 경계하며 서현이에게 말했다.

"다섯 가지 음모는 모두 '비밀의 책'에 담겨 있는데 오직 북클럽 회원들만 볼 수 있지."

"비밀의 책이요?"

서현이는 귀가 번득였다.

"그 책에는 사람들이 책을 읽지 못하도록 만드는 비밀원리와 행동원칙이 자세히 기록되어 있어."

서현이는 비밀의 책 내용이 몹시 궁금했다.

"아저씨도 '비밀의 책'을 갖고 있나요?"

"물론이지."

거지아찌는 안쪽 주머니에서 성경책 크기의 작은 책자를
꺼냈다.

50페이지 정도 분량의 얇은 책으로 시중에 판매되는 책
이라기보다는 메모장 같았다.

서현이는 비밀의 책이라고 해서 아주 특별한 표지를 생
각했는데 좀 실망했다.

"이게 아저씨가 말하는 비밀의 책이에요?"

"그래. 하지만 이 책이 진짜 비밀의 책은 아니야. 북클럽 회원들이 읽는 비밀의 책은 오직 한 권만 존재해. 그것도 비밀 도서관에 보관되어 있어서 외부로 노출되는 일은 없지."

"그러면 아저씨가 갖고 있는 비밀의 책은 뭐예요?"

"이것은 내가 북클럽 회원으로서 배운 내용을 정리한 책이야."

여기까지 말을 마친 거지아찌는 서현이에게 책을 건네주며 말했다.

"보겠니?"

서현이는 이미 많이 해진 책 표지를 한 장 들춰 보았다.

투박한 글씨체로 기록한 목차가 드러났다.

서현이는 가만히 목차를 살펴보았다.

첫 번째 음모
제1 비밀원리, "진리는 실천하기 전까지는 진리가 아니다."
제1 행동지침, "시간을 빼앗아라!"

두 번째 음모
제2 비밀원리, "좋은 것은 위대한 것에 가장 큰 적이다."
제2 행동지침, "환경을 빼앗아라!"

세 번째 음모
제3 비밀원리, "기쁨이 빠지면 노동만 남는다."
제3 행동지침, "목적을 빼앗아라!"

네 번째 음모
제4 비밀원리, "남의 힘을 빌리면 내 힘은 약해진다."
제4 행동지침, "내용을 빼앗아라!"

다섯 번째 음모
제5 비밀원리, "보이는 것은 보이지 않는 것이 결정한다."
제5 행동지침, "마음을 빼앗아라!"

서현이는 목차를 눈으로 읽어 내려갔다.

목차만 읽는데도 소름이 돋았다.

마치 악마의 비밀 일기장을 훔쳐보는 것 같아 꺼림칙
했다.

서현이의 입에서 한마디가 툭 튀어나왔다.

"정말! 믿을 수 없어!"

서현이의 말을 받아 거지아찌가 말했다.

"믿을 수 없지만 이것이 북클럽 회원들이 꾸미고 있는 음
모란다."

거지아찌는 서현이의 손에 들린 비밀의 책을 낚아채듯
빼앗아 다시 안쪽 주머니에 넣은 후 이야기를 꺼냈다.

"나는 북클럽의 음모를 밝히기 위해 '비밀의 책'을 만들
어 지금까지 갖고 다녔어. 그런데 누구에게도 이 책에 대해
이야기할 수 없었지. 만일 이 책에 대한 비밀이 세상에 알
려지면 비밀요원에게···."

거지아찌는 말꼬리를 흐리며 다시 말을 이어 갔다.

"하지만 너에게 이 책의 비밀을 알려 주어야겠다는 생각

이 들었어. 이것이 나를 위기에서 구해 준 너에게 내가 줄 수 있는 유일한 선물이기도 하고….”

서현이는 북클럽의 비밀을 알리려는 의도를 알 수 없었다.

게다가, 북클럽 회원이 되기 위해 특별서약까지 한 거지아찌가 생명의 위협을 느끼면서까지 북클럽의 음모를 알려주려는 속셈을 알 수 없었다.

서현이는 소설 같은 거지아찌 이야기를 어디까지 믿어야 할지 몰랐다.

그러나 ‘비밀의 책’이 독서 때문에 절망에 빠진 자신을 구할 수 있다는 사실을 믿고 싶었다.

왠지 ‘비밀의 책’이 자신에게 ‘희망의 책’이 될 것 같은 느낌이 들었다.

서현이는 믿음과 의심 사이에서 줄타기를 했다.

서현이는 이 모든 혼돈의 소용돌이에서 자신을 건져 줄 한 가지 질문을 찾아냈다.

마침내 서현이는 거지아찌를 보며 천천히 입을 열었다.

비밀 약속

"아저씨는 왜 북클럽의 음모를 밝히려는 거죠? 아저씨도 북클럽 회원이잖아요?"

"북클럽의 회원이었지."

"그러면 지금은 북클럽의 회원이 아닌가요?"

"지금은 아니야. 사실, 난 어린 시절에 아버지 없이 태어나서 가난하고 힘든 생활을 했어. 다른 친구들이 학교를 다닐 때 난 엄마를 도와 일을 해야 했지. 아무런 소망이 없었어. 그런 나에게 책은 유일한 기쁨이었어."

서현이는 거지아찌도 아버지 없이 어린 시절을 힘들게 보냈다는 사실에 왠지 모를 친근함이 느껴졌다.

"나의 성공을 위해 아이들에게서 책 읽는 즐거움을 빼앗을 수는 없었어. 결국 나는 북클럽에서 탈퇴하기로 결심했지."

"정말, 잘하셨어요."

"하지만 그 결정은 생각처럼 쉽지 않았어."

"왜요?"

거지아찌가 말을 계속했다.

"바로 '특별서약' 때문이었지."

"아! 탈퇴 금지 서약이요?"

"그래, 그 서약에는 비밀 유지와 탈퇴 금지라는 조항이 있었거든."

"그냥 북클럽 회원들의 눈을 피해 도망치면 되잖아요."

"그게 그렇게 쉽지 않아. 북클럽 회원들은 네가 생각하는 것 이상으로 조직적이고 치밀하거든. 일단 회원이 되고 나면 모든 말과 행동이 감시를 받게 돼."

서현이는 자신도 모르게 주변을 살폈다.

거지아찌는 설명을 이어 나갔다.

　"그럼에도 불구하고 나는 탈퇴를 결심했어. 그래서 아주 조심스럽게 계획을 세웠지. 그런데 어떻게 알았는지 북클럽 회원들이 눈치를 챘단다. 그때부터 비밀요원들이 나를 감시하기 시작했어."

　"말도 안 돼요! 정말 그런 일이 가능해요?"

　"북클럽 회원들은 자신들의 왕국을 지키기 위해 모든 것을 할 수 있는 자들이야."

　서현이는 북클럽의 회원들이 무서운 존재라는 생각이 들었다.

거지아찌는 계속 말을 이어 나갔다.

"북클럽의 회원이 된 후, 나는 대학에서 학생들을 가르쳤어. 물론 그 교수직도 북클럽에서 마련해 주었지. 나는 선생님이 될 학생들에게 잘못된 독서 방법을 가르쳤어."

서현이는 조용히 거지아찌의 이야기를 듣고 있었다.

"나는 양심 때문에 더 이상 학생들을 가르칠 수 없었어. 대신 학교를 떠나 북클럽의 음모를 세상에 알려야겠다고 결심했지."

"하지만 그림자처럼 따라다니는 비밀요원이 있잖아요?"

"네 말대로 비밀요원의 감시를 피하기는 쉽지 않았어. 북클럽 회원들은 나에 대한 모든 정보를 갖고 있었거든."

"북클럽 회원들이 그 정도로 치밀해요?"

"그렇단다. 전산시스템이 돌아가는 어떤 장소에서도 나는 자유로울 수가 없었어. 그래서 나는 쓰레기를 줍는 노숙자 생활을 하기로 결심했지."

서현이는 거지아찌가 왜 머리와 수염을 기르고 쓰레기를 줍고 있었는지 비로소 이해되었다.

"몸은 피곤했지만 마음은 기뻤어."

서현이는 거지아찌가 청소를 하면서 왜 그렇게 행복한 미소를 지었는지 이해되었다.

"그런데 어떻게 비밀요원이 아저씨를 다시 찾아냈죠?"

거지아찌는 잠시 머뭇거리다 어렵게 입을 열었다.

"오늘 아침, 예전처럼 쓰레기를 줍고 있었어. 그런데 네가 나간 후에 네 엄마 모습이 보였지. 엄마는 불쾌한 표정으로 나를 바라보더니 누군가에게 전화를 하더구나. 나는 아무런 생각 없이 쓰레기를 손수레에 싣고 있었어. 그런데 잠시 후 사이렌이 울리더니 경찰차가 도착했지."

"엄마가 아저씨를 경찰에 신고했어요?"

거지아찌는 가만히 고개를 끄덕였다.

"경찰은 그 자리에서 내 신상을 물은 후 어딘가로 급하게 전화를 하더구나. 10분도 채 되지 않아 비밀요원이 나타났어. 나는 모든 것을 버리고 골목길로 달아나기 시작했지. 비밀요원들은 집요하게 나를 쫓아왔어."

"그럼 아까 보았던 검은 옷을 입은 신사가 비밀요원이

에요?"

"응. 내가 골목에서 나와 공원길로 들어섰을 때 너를 보게 된 거야. 넓은 공원에서 비밀요원을 따돌린다는 건 불가능했지. 그래서 급하게 너에게 도움을 구한 거야."

서현이는 방금 전에 일어난 상황을 떠올렸다.

"다행히 네가 나를 아빠처럼 대해 주어 비밀요원이 나를 그냥 지나쳤던 거고…."

그때 일을 생각하며 거지아찌가 말했다.

"네가 아니었다면 나는 아마 비밀요원에게 붙잡혔을 거다."

서현이는 어떻게 그런 용기가 났는지 지금도 알 수 없었다.

"그럼 아저씨는 이제 다시 쫓기는 신세가 되었네요."

"그래, 하지만 너에게 북클럽의 음모를 알려 줄 수 있다면 비밀요원 따위는 두렵지 않아."

서현이는 생명의 위협 속에서도 북클럽의 음모를 밝히려는 거지아찌가 이해되지 않았다.

하지만 서현이는 거지아찌의 진심이 느껴졌다.

"좋아요. 그럼 '비밀의 책'을 제게 주세요."

"'비밀의 책'에 담긴 음모는 '특별 수업'을 통해서만 전달할 수 있어."

"왜 특별 수업을 통해서만 북클럽의 음모를 알 수 있는 거죠?"

"왜냐하면 'ABL' 학습 원리가 특별 수업 안에 숨어 있기 때문이야."

"ABL 학습 원리요?"

"'Activity Based Learning'의 약자로 '활동을 통해 배운다.'는 뜻이지."

서현이는 활동으로 배운다는 의미가 낯설었다.

거지아찌는 서현이가 이해하지 못한 것 같아 설명을 이어 나갔다.

"머리로 기억하는 것은 쉽게 잊어버리지만 몸으로 기억하는 것은 오랫동안 남는단다."

"몸으로 기억한다구요?"

"그래. 너 혹시 자전거 탈 줄 아니?"

"네."

"언제 배웠니?"

"잘 기억나지는 않지만 6살 때쯤 배웠던 것 같아요."

서현이는 기억을 더듬어 말했다.

"벌써 6년이나 지났는데도 탈 줄 안단 말이지?"

"당연하죠. 어떻게 그걸 까먹겠어요. 넘어지면서 배운 건데요. 지금은 한 손으로도 탈 수 있는걸요."

서현이는 말을 끝내자마자 거지아찌가 의미하는 'ABL' 학습 원리가 이해되었다.

거지아찌는 웃으며 말했다.

"그것이 바로 'ABL' 학습 원리의 힘이야. 나는 교육학자로서 'ABL' 학습 원리만큼 효과적인 가르침은 없다고 생각해. 그래서 너에게 'ABL' 학습 원리로 북클럽의 음모를 가르치려고 해."

사실, 서현이는 학교 수업이 지겨웠다. 선생님은 설명하고 학생들은 기억해야 하는 기계적인 학습 방법이 싫었다.

반면 활동으로 지식을 배우는 'ABL' 학습 원리는 기대가
되었다.

"좋아요. 하지만 지금 아저씨는 비밀요원에게 쫓기고 있
는데 어떻게 북클럽의 음모를 가르쳐 주겠다는 거죠?"

"한 가지 방법이 있지."

"그게 뭔데요?"

서현이는 정색을 하며 물었다.

"S 대학에서 만나면 안전할 거야."

"S 대학이요?"

"그래. 내가 근무했던 대학이야!"

'S 대학'

순간 서현이는 인상을 찌푸렸다.

'S 대학은 아빠가 학생들을 가르치셨던 곳인데….'

'S 대학'이라는 말을 듣자, 다시 아빠가 생각났다.

거지아찌에게 더 이상 아빠에 대한 이야기를 꺼내고 싶
지 않아 말을 삼켰다.

서현이는 거지아찌가 왜 하필 S 대학을 다시 가려고 하는

지 이해되지 않았다.

"비밀요원이 거지아찌를 알아보면 어떻게 해요?"

"다행히 다음 주부터 가을 축제가 시작돼. 많은 사람들이 캠퍼스에 몰려오기 때문에 오히려 비밀요원들의 눈을 피하기에는 좋을 거야."

"그럴 수도 있겠네요. 그런데 그 넓은 캠퍼스에서 아저씨를 어떻게 찾죠?"

거지아찌는 다시 주위를 둘러보고는 조용히 속삭였다.

"T.E.A.C.H. 연구실로 오면 돼."

"TEACH 연구실이요?"

서현이는 자신도 모르게 목소리가 커졌다.

주위에는 아무도 없었지만 거지아찌는 오른손 검지를 입술에 댄 후 조용히 말을 이어 갔다.

"TEACH는 내가 쓰던 연구실인데 지금은 동료 교수가 사용하고 있어."

서현이는 연구실이 안전한지 궁금했다.

"다른 교수님이 사용하고 있으면 그곳에 어떻게 들어

가죠?"

"다행히 동료 교수는 올해가 연구학기라서 미국에서 공부하고 있어. 지금 연구실은 비어 있고 나에게 연구실 열쇠가 있으니 걱정 마."

거지아찌는 주머니 속에서 연구실 열쇠를 꺼내 보이며 서현이를 향해 흔들었다.

열쇠를 보자 서현이는 두려움과 동시에 모험이 시작될 것 같아 설레였다.

"아저씨, 연구실은 어느 건물에 있나요?"

"사범대 건물 4층으로 올라오면 오른쪽 끝에 'TEACH'라고 쓰인 연구실이 있어. 예전에 비밀 프로젝트가 진행되었던 곳이라 눈에 쉽게 띄지 않을 거야. 그러면 우리 몇 시에 만날까?"

서현이는 잠시 생각했다.

학교 수업은 두 시면 끝났다.

토요일에 하는 논술학원을 제외하고는 서현이는 어떤 학원도 다니지 않았다.

학교에서 대학까지 버스로 30분 정도 걸리기에 1시간 정도 여유가 있어야 했다.

"저는 3시에 만났으면 하는데 아저씨는 어떠세요?"

"좋아. 그럼 다음 주 월요일 오후 3시에 4층 'TEACH' 연구실에서 만나자."

저녁노을 속에 거지아찌의 바보 미소가 비쳤다.

"아저씨! 저, 이제 가 봐야 할 것 같아요."

"그래, 오늘 정말 고마웠다. 조심히 들어가."

서현이는 거지아찌에게 짧게 인사한 후 집으로 돌아갔다.

서현이는 돌아오는 길에 '비밀'이라는 단어가 머릿속에서 떠나지 않았다. 비밀 단체, 비밀 책, 비밀 수업, 비밀 만남 그리고 비밀 약속.

서현이는 비밀 같은 이야기를 비밀에 싸인 거지아찌에게서 듣고 비밀 수업까지 약속하고 돌아온 하루가 정말 꿈만 같았다.

비밀 장소

집에 도착하니 엄마가 기다리고 있었다.

"식탁에 밥 차려 놨으니 밥 먹으렴."

엄마의 목소리가 한층 부드러워졌다.

서현이는 말없이 엄마가 차려 준 음식을 먹고 방으로 들어가 일기장을 꺼냈다.

혼란스럽다.

믿을 수 없는 이야기.

그러나 믿고 싶은 이야기.

거지아찌를 믿어야 하나?

어른들 사이에서 거지아찌에 대한 나쁜 소문이 나돈다.

'유괴범', '탈주범'.

누군가에게 쫓기고 있는 거지아찌는 정말 범죄자일지도 모른다.

하지만 거지아찌가 하는 말에는 진심이 담겨 있다.

동시에 두려움도 있다.

어쩌면 거지아찌는 북클럽 회원들의 음모를 밝히기 위해 목숨을 걸고 용기 있는 행동을 하고 있는지도 모른다.

거지아찌는 둘 중 하나이다.

탁월한 사기꾼이거나 용감한 교육자.

여전히, 혼란스럽다.

월요일이 두렵고 설렌다.

나는 거지아찌를 만나러 가야 하나?

아니면 거지아찌를 경찰에 신고해야 하나?

정말 모르겠다.

월요일.

서현이는 여전히 혼란스러운 채 눈을 떴다.

거지아찌의 '바보 미소'가 서현이의 머릿속에 남아 있었다.

거지아찌의 '바보 미소'에서 왠지 모를 편안함이 느껴졌다.

거지아찌의 '바보 미소' 속에 흐르는 진실함이 서현이의 마음속에 남아 있던 의심을 털어냈다.

'그래! 만나러 가자!'

거지아찌와 만날 것을 결심하자 하루가 길게 느껴졌다.

수업 내내 거지아찌와 나누었던 이야기가 머릿속을 떠다녔다.

수업을 마치는 종이 울리자마자 서현이는 가방을 메고 버스 정류장으로 달려갔다.

시계가 오후 2시 7분을 가리켰다.

버스정류장에서 S 대학까지는 30분이면 충분했다.

버스를 기다리는 서현이의 마음은 급했다.

'만일 아저씨가 없으면 어떡하지?'

'비밀 장소가 없으면 어떡하지?'

여러 가지 의문과 의심이 눈덩이처럼 불어났다.

버스는 어느덧 S 대학 정문에 멈춰 섰다.

서현이는 버스에서 내려 S 대학 캠퍼스를 향해 빠른 걸음으로 갔다.

주변은 대학 축제로 붐볐다.

캠퍼스 주변의 수많은 현수막들이 축제 분위기를 더욱 돋우었다.

축제 분위기가 잠시 서현이의 마음을 사로잡았다.

그러나 사범대 건물이 눈에 들어오자 서현이의 심장 박동은 빨라졌다.

사범대 건물에 들어섰다.

분주한 캠퍼스 분위기와는 달리 건물 안은 조용했다.

마치 텅 빈 공간처럼 느껴졌다.

오직 서현이의 발소리만 크게 들렸다.

서현이는 엘리베이터 앞에 서서 시계를 보았다.

오후 3시 11분 전이었다.

서현이는 두려웠다.

'TEACH' 연구실이 없을 것 같아 두려웠다.

거지아찌가 연구실에 없을 것 같아 두려웠다.

조금이라도 이 두려움을 늦추고 싶었다.

서현이는 엘리베이터 버튼을 누르는 것을 포기하고 계단으로 향했다.

계단을 오르기 시작했다.

계단을 밟을 때마다 심장 박동이 빨라졌다.

1층을 오르고 2층을 올랐다.

가을 햇살이 계단 창을 통해 들어왔다.

3층을 오르고 4층을 향하는 계단에 발을 내딛었다.

발소리와 숨소리가 텅 빈 공간을 가득 메웠다.

4층에 도착하자 좁은 복도가 드러났다.

4층 복도 정면에는 안내 표지판이 있었다.

서현이는 침을 삼키며 안내 표지판을 읽어 내려갔다.

'401, 402, 403….'

'TEACH'라는 연구실이 눈에 들어오지 않았다.

'아! 역시….'

서현이는 한숨이 절로 나왔다.

발길을 돌리려는 순간 거지아찌 말이 생각났다.

'이 연구실은 예전에 비밀 프로젝트가 진행되던 곳이라 남들 눈에 쉽게 띄지 않을 거야.'

서현이는 다시 발길을 돌려 오른쪽 복도 끝으로 달려갔다.

'408', '409', '410', '411', 각 연구실을 하나씩 살피면서 지나쳤다.

이제 마지막 남은 '412'호로 서현이의 시선이 옮겨졌다.

기대했던 '412'호 숫자가 눈에 들어오지 않았다.

대신 'TEACH'라는 영어 글씨가 서현이의 눈에 선명하게 들어왔다.

서현이는 영어 글씨를 보는 순간 안도의 한숨과 함께 긴장감이 들었다.

 손에 땀이 맺혔다.

 떨리는 손으로 손잡이를 잡았다.

 손잡이를 잡는 순간에도 서현이의 머릿속에는 한 가지 의심이 떠나지 않았다.

 '만일 문이 잠겨 있다면….'

 손잡이를 오른쪽으로 돌렸다.

 차가운 손잡이가 서현이의 뜨거운 열기를 식혔다.

 "철컥"

 문이 열렸다.

열린 문틈으로 서재에 꽂혀 있는 수많은 책들이 눈에 들어왔다.

동시에 낯선 옷차림을 하고 있는 남자가 보였다.

서현이는 남자의 얼굴을 확인하기 위해 한 걸음 다가섰다.

낯선 남자의 다정한 말이 서현이의 발보다 빨랐다.

"서현아! 비밀 장소에 온 것을 환영한다."

귀에 익은 말투지만 긴장을 늦출 수 없어 서현이는 순간 멈칫했다.

낯선 남자는 보고 있던 책을 정리하며 자리에서 일어났다.

서현이의 눈에는 책을 정리하는 낯선 남자의 손등이 보였다.

얼룩덜룩한 흰 반점이 눈에 들어왔다.

'거지아찌다.'

서현이는 안심이 되었다.

거지아찌가 분명했다.

거지아찌가 바보 미소를 지으며 입을 열었다.

"서현아, 놀랬지? 축제 기간에 거지가 나타나면 사람들이 이상한 눈으로 볼까 봐 화장실에서 씻고 왔어. 여기 와 보니 예전에 입던 양복이 그대로 있길래 한번 입어 봤는데 어때? 교수님 같아 보이니?"

거지아찌는 그 자리에서 한 바퀴 돌며 장난스럽게 물었다.

서현이는 그제야 긴장이 풀렸다.

"아저씨, 처음에는 제가 잘못 찾아온 줄 알았어요. 그렇게 차려 입으니 정말 대학 교수님 같아요."

"1년 만에 입는 옷이라 좀 어색하네. 아무튼 와 줘서 고마워. 거기에 앉으렴."

거지아찌는 창가 쪽 의자를 가리키며 말했다.

작은 테이블을 사이에 두고 두 개의 의자가 놓여 있었다.

서현이는 창가 쪽 의자에 앉았고, 거지아찌는 맞은편 의자에 자리를 잡았다.

거지아찌는 테이블에 놓인 머그잔 중 하나를 서현이에게

건네며 말했다.

"서현아! 코코아 좀 마시면서 잠깐 기다리고 있어."

"고맙습니다."

서현이는 거지아찌가 건넨 머그잔을 두 손으로 받아들었다.

따뜻한 온기가 서현이의 손에 전해졌다.

거지아찌는 테이블에 남아 있던 또 하나의 머그잔을 들고 일어났다.

서현이가 코코아를 마시며 주위를 살폈다.

오랫동안 비어 있던 연구실치고는 잘 정돈되어 있었다.

서현이는 서재에 꽂혀 있는 책들을 보았다.

서재에는 대부분 독서 관련 서적과 원서들로 가득했다.

서재 한쪽 구석에는 수많은 메달과 상패들이 진열된 서랍장이 있었다.

서현이의 시선이 서랍장 위에 멈췄다.

수많은 시상품들 가운데 유독 한 액자에 시선이 갔다.

멀리 있어 잘 보이지 않았지만 액자 속에는 두 남자가 다정하게 웃고 있는 것 같았다.

한 사람은 거지아찌라고 생각했는데 또 다른 사람은 누구일까 궁금해서 액자가 놓인 곳으로 가 보려고 일어났다.

그때 거지아찌가 서현이에게 말을 건넸다.

"서현아! 오늘부터 닷새 동안 특별 수업을 하게 될 거야. 그러나 특별 수업을 시작하기 전에 네가 지켜야 할 두 가지 약속이 있단다."

서현이는 사진 속 인물이 궁금했지만 거지아찌의 말을 듣기 위해 자리에 다시 앉았다.

"어떤 약속이요?"

"첫째, 이 비밀 수업에 대해 누구에게도 말하지 말 것."

"그거라면 걱정하지 않아도 돼요. 엄마에게조차 말하지 않을게요."

서현이는 거지아찌와의 만남을 누구에게도 말하고 싶지 않았다. 설령 말을 해도 믿으려 하는 사람이 없을 것이라고 생각했다.

"두 번째 약속은 뭐예요?"

"둘째, 특별 수업에서 배운 내용을 반드시 실천할 것."

두 번째 약속은 어떤 내용을 배울 것인지 알 수 없어 쉽게 대답할 수 없었다.

그러나 생명의 위협에도 불구하고 알려 주고 싶은 것이라면 충분히 실천할 가치가 있을 것 같았다.

서현이는 가방에서 노트와 연필을 꺼내 두 가지 약속을 적었다.

서현이가 그 약속들을 적자 거지아찌가 대답을 재촉했다.

"서현아! 이 약속들을 지킬 수 있겠니?"

서현이는 자신 있게 대답했다.

"네, 약속을 꼭 지킬게요."

"좋아. 그럼 이제부터 첫 번째 특별 수업을 시작하자."

거지아찌는 서류봉투에서 종이와 색연필을 꺼내 탁자에 올려놓았다.

거지아찌는 서현이에게 종이와 색연필을 건네주며 짧게

말했다.

"집을 그려 보렴."

"네?"

서현이는 말없이 종이와 색연필을 번갈아 바라보며 침을
삼켰다.

사실, 많은 부모들이 자녀들에게 독서의 중요성을 이야기하지만
그들이 독서를 얼마나 중요하게 생각하는지는
자녀에게 얼마나 많은 독서 시간을 주고 있는지를 보면
알 수 있어.

시간을 빼앗는 자

"집이요?"

"그래. 네가 그리고 싶은 집을 2분 동안 이 종이 위에 마음껏 그려 보렴."

"아저씨, 저는 그림을 잘 못 그리는데요."

서현이는 미술 시간이 싫었다.

그림 그리는 데 재주가 없기도 했지만 그림을 그리고 나면 언제나 친구들 작품만 교실 게시판에 걸리는 것이 싫었다.

"서현아! 이것은 네 그림 실력을 보려고 하는 것이 아니야. 그림을 통해 네가 갖고 있는 생각을 보려고 하는 거니까 편하게 그리렴."

서현이는 검정 색연필을 오른손에 쥐고 그림을 그리기 시작했다.

먼저 지붕을 그렸다.

이어 기둥을 그리고 바닥도 그렸다.

그림이 너무 밋밋하다는 생각이 들어 창문도 그려 넣었다.

여전히 어색한 느낌이 들어, 마지막으로 문을 그렸다.

정원을 꾸미려고 하는데 거지아찌의 목소리가 들렸다.

"그만, 서현아! 시간이 다 됐다."

2분이라는 시간이 생각보다 금세 지나갔다.

서현이가 그린 그림을 살피며 거지아찌가 말했다.

"서현아! 그림은 잘 그렸는데⋯."

"⋯⋯."

"그런데 건축가가 그린 집과 차이가 많이 나네."

서현이는 비교당하는 것 같아 말이 곱게 나오지 않았다.

"당연하죠. 제가 어떻게 전문가처럼 그릴 수 있겠어요!"

거지아찌는 침착하게 서현이의 말을 받았다.

"내가 말하는 요점은 그림 솜씨에 대한 게 아니야. 그림을 그리는 순서에 대한 거지."

"순서가 어때서요?"

"집을 그릴 때 너는 무엇부터 그렸니?"

서현이는 집을 그렸던 기억을 더듬었다.

"지붕이요."

"그래. 지붕부터 그렸지. 하지만 건축가는 절대 지붕부터 그리지 않는단다."

"그럼, 건축가는 무엇부터 그리는데요?"

"바닥."

짧은 한마디가 서현이의 머리를 강하게 때렸다.

거지아찌가 말을 이어 나갔다.

"사람들은 대부분 집을 그릴 때 지붕부터 그리지. 이어 기둥을 세우고 마지막으로 바닥을 그려. 너처럼."

서현이는 자신이 그린 그림을 보며 고개를 끄덕였다.

"그러나 건축가는 바닥부터 그리기 시작한단다. 왜냐하면 바닥이 없는 집은 없기 때문이지."

서현이는 한 장의 그림 속에 이처럼 심오한 생각이 담겨 있다는 사실에 놀랐다.

"아저씨, 저 역시 집을 지을 때 바닥이 중요하다고 생각했는데, 어째서 지붕부터 그렸을까요?"

"그 이유는 바로 '경험의 차이' 때문이야."

"네? 무슨 뜻이에요?"

"건축가는 집을 직접 지어본 경험이 있기 때문에 바닥부터 그리지만 사람들은 대부분 실제로 집을 지어본 경험이 없기 때문에 지붕부터 그리는 거야."

서현이는 부끄럽지만 거지아찌의 말을 인정할 수밖에 없었다.

"아! 생각과 행동이 이렇게 차이가 날 줄 몰랐어요."

서현이는 조용히 읊조리듯 말했다.

"사람들은 흔히 자신이 중요한 생각을 좇아 행동한다고 착각해. 하지만 정말 그 사람이 중요하게 생각하는 것이 무엇인지 알려면 말이 아니라 행동을 보아야 한단다."

서현이는 '생각은 말이 아닌 행동이 결정한다.'는 말을 곱씹었다.

"그런데 이것과 북클럽 회원들의 음모와는 무슨 관련이 있죠?"

"좋은 질문이야. 혹시 북클럽 회원들이 말하는 제1 비밀원리를 기억하니?"

서현이는 고개를 저었다.

제1 비밀원리. "진리는 실천하기 전까지는 진리가 아니다."

"아, 맞아요. 이제 기억났어요!"

"북클럽 회원들은 책을 읽겠다고 다짐하는 사람들을 두려워하지 않아. 그들이 정말 두려워하는 것은 책을 읽는 것에 우선순위를 두는 사람들이지."

서현이는 거지아찌가 하는 말이 잘 이해되지 않았다.

"아저씨, 좀 더 쉽게 설명해 주세요."

"좋아! 서현아, 책을 읽는 데 가장 중요한 '바닥'이 무엇이라고 생각하니?"

서현이는 한 번도 이러한 고민을 한 적이 없었다.

서현이가 머뭇거리자 거지아찌가 대신 말을 이어 갔다.

"그것은 바로 '시간'이란다."

"시간이요?"

책을 읽는 데 시간이 필요하다는 것은 아주 상식적인 말이었다.

하지만 서현이는 거지아찌로부터 '시간'이라는 말을 듣기 전에는 한 번도 '시간'이 중요하다고 생각하지 못했다.

"책을 읽는 데 있어 '시간'은 '바닥'에 해당하지. 아무리 위대한 책도 결국 시간이 있어야 읽을 수 있어."

"그러네요. 그런데 솔직히 시간에 대해서는 한 번도 생각해 본 적이 없던 것 같아요."

"사실, 많은 부모들이 자녀들에게 독서의 중요성을 이야기하지만 그들이 독서를 얼마나 중요하게 생각하는지는 자녀에게 얼마나 많은 독서 시간을 주고 있는지를 보면 알 수 있어."

거지아찌는 말을 이어 갔다.

"서현아! 너는 독서가 정말 중요하다고 생각하니?"

"네, 그렇기 때문에 아저씨를 찾아왔잖아요."

"좋아. 그렇다면 질문 하나 할게."

서현이는 다시 긴장하면서 가볍게 고개를 끄덕였다.

"혹시, 네 시간표에 독서 시간이 들어 있니?"

서현이는 가만히 생각해 보았다.

독서가 중요하다고 생각해서 논술학원도 다니고 있었지만 정작 시간표에는 '독서' 항목이 없었다.

"없어요. 독서는 평소 남는 시간에 하는 거잖아요. 학교

선생님들도 시간 날 때 틈틈이 책을 보라 하셨고….."

서현이는 말꼬리를 흐렸다.

"그것이 바로 북클럽 회원들이 꾸미는 첫 번째 음모란다."

'첫 번째 음모'라는 소리를 듣자 서현이는 소름이 돋는 것 같았다.

"독서가 모든 교육의 바닥이라고 생각한다면 당연히 시간표에 독서 항목이 있어야 해. 그런데 학교와 학원 숙제를 하느라 정작 중요한 독서 항목은 빠져 있는 게 현실이야."

거지아찌의 말이 사실이라면 많은 친구들이 북클럽 회원들의 음모에 빠져 있는 것이 사실이었다.

서현이는 자신만큼은 독서를 중요하게 여긴다고 믿었다.

그러나 실제로 전혀 독서를 중요하게 생각하지 않고 있다는 사실을 알게 되었다.

"아저씨, 부끄럽지만 제가 바로 북클럽의 음모에 빠진 희생양이네요. 그렇다면 북클럽의 음모를 벗어나기 위해 제가 어떻게 해야 하죠?"

"그 방법은 네가 이미 알고 있어."

"제가 알고 있다고요?"

"그래. 건축가가 집을 그린 순서를 생각해 보렴. 건축가가 집을 그릴 때 먼저 바닥을 그렸지? 마찬가지로 독서에서 바닥에 해당하는 것은 바로 '시간'이야. 독서하는 시간을 우선순위에 두는 것이 독서의 시작인 거지."

서현이는 노트를 꺼내 배운 내용을 적기 시작했다.

오늘 배운 '시간'에 대한 내용을 기억하고 싶었다.

첫 번째 음모
제1 비밀원리. "진리는 실천하기 전까지는 진리가 아니다."
제1 행동지침. "시간을 빼앗아라!"

깨달음
중요 가치에 대한 우선순위는 말이 아닌 '행동'이 결정한다.
독서의 기초는 책을 읽는 '시간'을 확보하는 것이다.

실천사항
시간표에 독서 시간을 우선순위로 잡는다.

서현이는 실천사항까지 적은 후 거지아찌를 보며 다시 질문했다.

"좋아요. 앞으로는 시간표에 독서를 가장 우선순위로 넣겠어요. 그런데 하루에 독서 시간을 얼마나 넣어야 할까요?"

"사람마다 다르지만 최소 30분 이상 독서를 해야 몰입독서가 주는 기쁨을 알 수 있단다."

"몰입독서요? 그게 뭐예요?"

"몰입독서란 책을 읽는 데 방해가 되는 모든 환경을 차단하고 집중해서 책을 읽는 방법을 말해. 몰입독서를 하면, 마치 책 속에 내가 빨려 들어가는 느낌이 들지. 주변의 어떤 소리도 들리지 않고, 오직 책과 내가 하나가 된 느낌이 들어."

서현이는 그 느낌을 꼭 맛보고 싶었다.

"그런데 매일 30분씩 해야 하나요? 한 번에 몰아서 하면 안 돼요?"

"그건 안 돼. 독서도 일종의 지적 운동이야. 운동을 통해 근육을 키우려면 매일 하는 것이 효과적이겠지? 매일 해야할 운동을 한 번에 몰아서 하면 오히려 근육이 손상될 수 있어."

"아! 맞아요. 저도 그런 경험이 있어요."

거지아찌는 '30분 몰입독서'에 대한 설명을 덧붙였다.

"마찬가지로 독서를 통해 지적 근육을 키우려면 무리하게 해서는 안 돼. 매일 30분 이상 꾸준히 하는 것이 중요해."

"힘들겠지만 저도 '30분 몰입독서'를 시작해 볼게요."

"서현아! 그런데 독서 시간은 어떻게 확보하려고 하니?"

"잠이나 식사 시간을 줄여야겠어요."

"우선순위는 무엇인가를 줄이거나 늘리는 게 아니야. 오히려 현재 네가 중요하게 생각하고 있는 것 중 하나를 과감하게 빼는 거야."

서현이는 무엇을 빼야 할지 생각해 보았다.

머릿속에 한 가지가 떠올랐다.

"아저씨! 뭘 빼야 할지 생각났어요."

"그게 뭐니?"

"컴퓨터 게임이요. 제가 포기할 수 있을지 모르겠지만 결심이 필요한 것 같아요."

"아주 어려운 결심을 했네. 내일 배울 두 번째 특별 수업이 도움이 될 거야."

서현이는 귀가 솔깃해졌다.

"아저씨, 벌써부터 내일 수업이 기대가 돼요."

서현이는 진심을 담아 말했다.

"그래, 내일 다시 만나자."

"고마워요. 아저씨, 사실 이곳에 올까 말까 고민했는데 정말 오기를 잘한 거 같아요."

거지아찌는 대답 대신 바보 미소를 지어 보였다.

시계를 보니 4시를 향하고 있었다.

"안녕히 계세요. 내일 만나요."

서현이는 인사를 한 후 문으로 향했다.

서현이가 문을 닫으려는 순간, 거지아찌의 목소리가 들렸다.

"서현아!"

서현이가 멈춰 거지아찌를 바라보았다.

거지아찌는 바보 미소를 지으며 말했다.

"그림 잘 그리던데…. 앞으로 종종 그림으로 네 마음을 표현해 보렴."

칭찬에 익숙하지 않은 서현이는 고개만 살짝 끄덕인 후 연구실을 나왔다.

처음 이곳에 올 때 느꼈던 두려움과는 달리 캠퍼스를 걷는 발걸음이 한결 가벼워졌다.

사람들은 환경을 쉽게 통제할 수 있다고 믿어.
하지만 반대로 환경이 사람들을 지배하는 경우가 훨씬 많아.
그렇기 때문에 자신의 의지를 믿기보다
방해 환경을 제거하는 것이 훨씬 지혜로운 방법이야.

환경을 빼앗는 자

화요일.

서현이는 평소보다 일찍 일어났다.

두 번째 특별 수업이 기다려졌다.

학교 수업이 끝나고 서현이는 다시 연구실로 향했다.

월요일과 달리 발걸음이 가벼웠다.

S 대학 캠퍼스는 여전히 축제 분위기로 들떠 있었다.

연구실에 도착해 시계를 보니 2시 53분이었다.

서현이는 손잡이를 잡고 문을 열었다.

거지아찌는 이미 연구실에 도착해 서현이를 기다리고 있었다.

"안녕하세요."

서현이는 밝은 표정으로 인사를 건넸다.

"일찍 왔네. 어제 집에 잘 들어갔니?"

거지아찌는 코코아를 타 주면서 물었다.

"네. 그런데 학교 수업에 집중할 수가 없었어요."

"왜?"

"특별 수업이 기다려져서요."

"오! 그래? 다행이네."

거지아찌는 서현이에게 코코아를 건넸다.

"감사합니다."

서현이는 거지아찌가 주는 코코아를 받아들고 창가 쪽
의자에 앉았다.

거지아찌는 두 번째 특별 수업을 준비하기 위해 수업 자
료를 챙겼다.

서현이의 시선이 서랍장 위로 향했다.

어제 제대로 보지 못했던 액자 속 사진을 보려고 했다.

그런데 액자가 보이지 않았다.

서현이가 액자를 찾고 있을 때 거지아찌가 자리에 앉으며 말했다.

"서현아! 보여 줄 게 있어."

거지아찌의 손에는 종이 한 장이 들려 있었다.

종이에는 두 개의 책상 그림이 있었다.

"여기 두 책상이 보이니?"

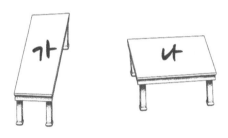

"네."

서현이는 그림을 자세히 보면서 말했다.

책상 가운데에는 '가', '나'라고 쓰여 있었다.

'가' 책상은 길쭉했고, '나' 책상은 '가' 책상에 비해 넓어 보였다.

　"서현아! 만일 네가 공부할 책상을 구입하려고 한다면 둘 중 어떤 책상을 고르겠니?"

　서현이는 두 그림을 비교해 보았다.

　공부할 책상이면 책과 간식을 올려놓기 편한 넓은 책상이 좋을 것 같았다.

　서현이는 잠시 고민한 후 말했다.

　"저는 '나' 책상이요."

　"왜 '나' 책상을 선택했니?"

　"앉아서 공부하려면 아무래도 넓은 책상이 편할 것 같아

서요. '가' 책상은 좁아서 물건을 올려놓기가 불편할 것 같아요."

"그래? '나' 책상이 '가' 책상보다 넓어 보인단 말이지?"

거지아찌는 웃으면 말을 이었다.

"네."

"정말 '나' 책상이 '가' 책상보다 넓어 보이니?"

다시 한 번 묻자, 서현이는 그림을 다시 쳐다보며 확신에 찬 소리로 답했다.

"네."

"확실하지?"

서현이의 눈에는 분명히 '나' 책상이 넓어 보였다.

그런데 거지아찌가 다시 묻자 자신이 없었다.

"제가 보기에는 '나' 책상이 더 넓어 보이는데, 아닌가요?"

거지아찌는 서현이를 쳐다보며 말했다.

"두 책상의 넓이는 똑같아."

"그럴 리가…."

"좋아! 믿지 못한다면 내가 직접 보여 줄게."

거지아찌는 서류 봉투에서 책상 크기와 비슷한 사각형의 종이를 꺼냈다.

거지아찌는 그것을 '가' 책상이 그려진 그림 위에 포갰다.

'가' 책상 넓이와 꼭 맞았다.

"어때? 두 사각형의 크기가 같지?"

거지아찌가 물었다.

서현이는 대답 대신 고개를 끄덕였다.

거지아찌는 이제 '가' 책상에 올려놓은 사각형을 '나' 책상 위로 옮겼다.

"어! 이럴 수가…."

서현이는 믿을 수가 없었다.

사각형이 두 번째 책상의 크기와도 동일했다.

"아저씨, 어떻게 이럴 수가 있죠?"

거지아찌는 차분하게 설명했다.

"서현아! 동일한 물체라도 보는 각도와 방향에 따라 다르게 보일 수 있어."

"그럼 일종의 속임수인가요?"

"아니야. 속임수와는 달라. 단지 주변 환경이 본래 모습을 보지 못하게 방해했을 뿐이야."

"주변 환경이 우리 생각까지도 바꿀 수 있다는 말인가요?"

"그렇지. 환경은 중요한 메시지를 전달하고 있거든."

"환경이 메시지를 담고 있다고요?"

"그래. 너 혹시 대형마트에 없는 두 가지 물건이 무엇인지 아니?"

서현이는 한참을 생각했다.

"아니오."

"바로 시계와 창문이야."

서현이는 머릿속에 대형마트를 떠올렸다.

정말 시계와 창문이 없었다.

신기했다.

"정말 시계와 창문이 없네요. 왜죠?"

"그것은 바로 고객을 매장에 더 머물게 하기 위해서야."

"아….."

'시간을 잊고 물건을 사라는 메시지가 대형매장 안에 숨어 있었구나!'

서현이는 놀란 입을 다물 수가 없었다.

"환경이 메시지라는 말이 이제 이해되니?"

"네."

서현이는 환경이 이처럼 중요한 메시지를 담고 있다는 생각에 다시 한 번 놀랐다.

"혹시, 환경이 북클럽 회원들의 두 번째 음모와 관련이 있나요?"

"아주, 잘 이해했어. 두 번째 음모는 바로 독서 환경에 관한 거야. 북클럽 회원들은 환경이 사람들의 생각과 행동까지도 바꿀 수 있다는 것을 알고 있어. 그래서 그들은 환경을 통해 책을 읽지 못하도록 음모를 꾸미고 있지."

"어떤 음모를요?"

"서현아! 북클럽 회원들의 두 번째 비밀원리를 기억하

니?"

서현이는 두 번째 비밀원리가 또렷하게 기억났다.

제2 비밀원리, "좋은 것은 위대한 것의 가장 큰 적이다."

"바로 그거야! 북클럽 회원들은 재미있는 놀이를 주변에 두어 책 읽는 환경을 방해하려고 해."

서현이는 책을 읽는 데 방해되는 환경을 생각해 보았다.

"텔레비전, 컴퓨터, 게임기 이런 것들인가요?"

"그래, 책은 심심해야 읽게 돼. 그런데 책보다 더 재미있는 놀이가 주변에 있으면 그 놀이에 집중하게 될 거야."

"맞아요. 책과 컴퓨터가 싸우면 언제나 컴퓨터가 이겨요!"

"아주 좋은 비유구나."

거지아찌가 유쾌하게 웃으면서 말했다.

순간, 서현이는 책이 컴퓨터를 이기는 장면을 상상하며 물었다.

"그렇다면 이 음모로부터 벗어나는 방법은 없나요?"

"가장 좋은 방법은 방해받는 환경에서 멀어지는 거야. 하지만 그것조차 어렵다면….."

거지아찌는 말을 흐렸다.

"어렵다면요?"

"제거하는 거야. 방해 환경을 막을 수 없다면 제거하는 것이 최후의 방법이지."

"그래도 제거할 필요까지는 없잖아요."

서현이의 말에 거지아찌는 단호하게 말했다.

"사람들은 환경을 쉽게 통제할 수 있다고 믿어. 하지만 반대로 환경이 사람들을 지배하는 경우가 훨씬 많아. 그렇기 때문에 자신의 의지를 믿기보다 방해 환경을 제거하는 것이 훨씬 지혜로운 방법이야."

거지아찌는 환경에 대한 설명을 이어 나갔다.

"제약회사에서 '어린이 보호용 마개'를 사용하는 것도 같은 원리야. 매년 어린이들이 약통에 담긴 약을 사탕이나 과자인줄 착각하고 먹는 바람에 죽는 사례가 발생했지. 이 문제를 해결하려고 강력한 문구와 위협적인 그림을 약통에 표시했지만 소용없었어. 그런데 '어린이 보호용 마개'를 달자, 문제는 단숨에 해결되었지."

"아! 맞아요. 약통을 열 때마다 조금 불편했는데 이제 그 이유를 알겠네요."

서현이는 환경의 중요성을 이해하는 데 시간이 걸리긴 했지만 새로운 원리를 깨달은 것 같아 가슴이 벅찼다.

서현이는 노트를 꺼내 오늘 배운 내용을 적기 시작했다.

두 번째 음모

제2 비밀원리, "좋은 것은 위대한 것의 가장 큰 적이다."
제2 행동지침, "환경을 빼앗아라!"

깨달음

환경은 생각과 행동을 결정하는 메시지다.
방해 환경을 막을 수 없다면 방해 환경을 제거하라!

실천사항

방에 있는 컴퓨터를 엄마 방으로 옮겨 놓기

서현이는 책 대신 컴퓨터에 빠진 것이 단순히 자신의 의지가 약하기 때문이라고 생각했다. 그러나 거지아찌를 통해 환경도 중요하다는 것을 깨닫고 위로가 되었다.

　"아저씨, 시간과 환경이 독서에서 중요한 원리라는 것을 깨닫게 해 주셔서 감사해요."

　"그래. 너에게 도움이 되었다니 기쁘다. 하지만 어제와 오늘 배운 원리보다 더 중요한 원리가 있단다."

　"그게 뭐죠?"

　"시간과 환경이 중요한 것은 사실이지만 내일 배울 원리가 빠진다면 시간과 환경은 오히려 해가 될 수도 있어. 하지만 이 원리는 내일 배우도록 하자. 아무리 맛있는 음식이라도 과식하면 탈이 나거든."

　거지아찌는 바보 미소를 지으며 자리에서 일어났다.

　서현이도 시계를 보았다.

　시침이 숫자 '4'를 가리키고 있었다.

　서현이도 아쉬움을 달래며 자리에서 일어났다.

　"아저씨! 감사합니다. 수업이 이렇게 재미있던 적은 없었어요."

"네가 재미있다니 나도 기쁘다. 잘 가고 내일 보자."

"네, 내일 뵐게요."

거지아찌와 인사를 나눈 서현이는 연구실을 떠나 집으로 향했다.

그리고 조용히 되새겼다.

'환경은 메시지, 환경은 메시지'

지나가는 사람들마다 축제 분위기로 들떠 있었다.

서현이 마음도 새로운 배움으로 들떠 있었다.

그래. 독서가 학습에 도움이 되는 것은 사실이야.
그러나 학습을 위해 독서를 하면 즐거움은 사라져.
북클럽 회원들은 즐거운 책 읽기를
고통스러운 노동으로 만들려고 음모를 꾸미고 있어.

목적을 빼앗는 자

수요일.

엄마와 함께 아침 식사를 하던 서현이가 엄마에게 말을 건넸다.

"엄마! 내 방에 있는 컴퓨터, 엄마 방으로 옮겼으면 좋겠어."

거실에 있던 컴퓨터를 자기 방으로 옮겨 달라고 떼를 쓰던 서현이였다.

"갑자기 왜?"

"그냥."

서현이는 평소보다 밥을 빨리 먹고 집을 나섰다.

아침마다 깨우느라, 밥 먹이느라 정신없던 엄마였다.

하지만 오늘은 스스로 일어나 학교 준비물까지 챙겨 학교로 나서는 서현이가 엄마는 기특했다.

그러나 한편으로는 무슨 일이 있는 것은 아닌지 걱정되었다.

수업시간 내내 어제 배운 '환경'에 대한 이야기가 서현이의 머릿속에서 떠나지 않았다.

서현이는 교실 환경을 둘러보았다.

네모난 교실, 네모난 책상, 네모 칸 속에 짜인 시간표.

학교라는 환경이 주는 메시지가 보였다.

'통제와 규제.'

이것이 학교 환경이 주는 메시지였다.

서현이는 환경 속에 담긴 메시지를 읽어 내는 자신이 기특했다.

마지막 수업이 끝났음을 알리는 종이 울렸다.

서현이는 스프링처럼 몸을 일으켜 교문 밖으로 빠져나
갔다.

버스를 타고 S 대학 캠퍼스로 가는 길이 즐거웠다.

시간과 환경보다 더 중요한 원리가 무엇일지 벌써부터
기대되었다.

연구실 문 앞에서 가볍게 노크를 한 후 문을 열었다.

"어서 와라!"

거지아찌가 먼저 말을 건넸다.

"아저씨, 안녕하세요."

서현이는 자연스럽게 의자에 앉았다.

"오늘은 코코아를 좀 진하게 탔는데 맛이 어떨지 모르겠
네."

서현이는 코코아 향을 맡으며 조심스럽게 한 모금 마
셨다.

달콤한 맛이 서현이의 기분까지 좋게 만들었다.

"맛이 괜찮니?"

세 번째 비밀 수업을 위한 자료를 챙기면서 거지아찌가
물었다.

"아주 맛있어요. 하지만 이 코코아보다 아저씨에게 배울
특별 수업이 더 기대가 돼요. 시간과 환경보다 더 소중한
원리가 무엇일지 생각하느라 잠도 잘 못 잤어요."

"배움에 대한 기대는 아주 좋은 태도야. 네가 배울 준비
가 되어 있다니 바로 시작해 보자."

거지아찌는 책상 서랍에서 사진 한 장을 꺼내 서현이에
게 보여 주며 자리에 앉았다.

"서현아! 이 사람이 누구인지 아니?"

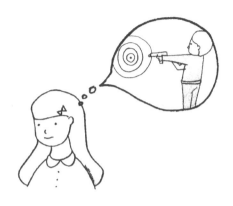

사진 속에는 잘생긴 서양 남자가 메달에 키스를 하며 환하게 웃고 있었다.

"운동선수인 것 같은데 누군지는 모르겠네요."

"이 선수는 '매튜 에몬스(Matt Emmons)'라는 미국 운동선수야."

이어 거지아찌는 2004년 아테네 올림픽 사격 결승전에 대한 이야기를 들려주었다.

"그날 금메달 유력 후보가 바로 사진 속 인물이었어."

서현이는 현장 분위기를 머릿속에 그려 보았다.

"에몬스는 그때 10발 중 9발을 쏜 상태였어. 마지막 한 발을 남겨 놓고 2위인 중국 선수와 3점차를 유지하고 있었지. 10점 만점에 7점만 쏴도 우승할 수 있는 상황이었어."

"3점 차면 큰 점수 차인가요?"

"결승에 오른 선수들은 세계적인 선수들이야. 큰 실수를 해도 7점 이하의 점수는 좀처럼 나오지 않아."

"그럼 우승한 거나 다름없네요."

"맞아. 그래서 관중과 언론사의 눈은 그의 손가락 끝에 집중되었어."

서현이는 자신도 모르게 오른손 검지에 힘이 들어갔다.

"긴장이 감도는 순간 '탕!' 소리가 났고 잠시 후 관중석에서는 박수와 환호 소리가 났어."

"몇 점이 나왔는데요?"

서현이는 자신도 모르게 끼어들었다.

"10점! 총알은 보기 좋게 과녁의 한 가운데를 뚫었지."

"휴!!!"

서현이는 마치 자신이 우승한 것처럼 안도하며 한숨을

쉬었다.

"그는 관중석을 향해 두 팔을 들고 우승을 기뻐했어. 그런데 잠시 후 이상한 일이 벌어졌지."

"무슨 일이요?"

서현이는 불길한 예감에 재빨리 말을 받았다.

"전광판 점수가 나오지 않는 거야."

"왜요?"

"사실, 에몬스 선수도 그 이유가 궁금했어. 일반적으로 총을 쏘고 나면 바로 점수가 표시되거든. 관중석에서도 웅성거리는 소리가 들렸어. 관계자들은 전광판 혹은 컴퓨터 전산 시스템에 문제가 생겼다고 생각했지. 한참 후 전광판에 점수가 나왔어. 그런데 그 점수를 본 사람들은 모두 놀랐단다."

여기까지 말을 마친 후, 거지아찌는 커피를 한 모금 마시며 뜸을 들였다.

서현이는 마음이 급했다.

"왜요?"

"왜냐하면 전광판에 점수가 0점으로 표시되었거든."

"0점이요?"

서현이의 눈이 커졌다.

"잠시 후 그 이유가 밝혀졌는데 너무 황당했단다."

서현이는 몸을 살짝 앞으로 숙였다.

"그 이유는 바로 에몬스 선수가 쏜 총이 자신의 과녁이 아닌 바로 옆 과녁을 맞혔던 거야."

"네?"

서현이는 믿기지 않았다.

"세계적인 올림픽 대표 선수가 그렇게 큰 실수를 하다니 믿기지 않아요."

"믿기지 않지만 사실이란다."

서현이는 마치 자신이 금메달을 놓친 것처럼 안타까워 했다.

"그래서 에몬스 선수는 어떻게 됐어요?"

"메달을 따지 못했을 뿐만 아니라 1등에서 꼴찌로 밀려 났지."

"과녁 방향만 제대로 잡았어도 금메달을 딸 수 있었을 텐데, 너무 아쉬워요."

거지아찌는 사진을 다시 서류 봉투 속에 넣으면서 말했다.

"그런데 이보다 더 안타까운 일들이 많아."

"무슨 말씀이세요?"

"에몬스 선수처럼 우리도 방향을 잘못 잡아 금메달보다 더 중요한 것을 놓치는 경우가 많다는 거야."

서현이는 거지아찌의 말에 귀를 기울였다.

"대부분 사람들은 목표가 없는 것이 가장 위험하다고 하지. 하지만 목표가 없는 것보다 더 위험한 것이 있어."

"그게 뭐예요?"

"그것은…."

거지아찌는 잠시 뜸을 들인 후 말을 이어 갔다.

"잘못된 목표를 갖는 거야."

'잘못된 목표. 이것이 혹시 북클럽 회원들의 세 번째 음모가 아닐까?'

서현이는 어제 거지아찌가 한 말이 떠올랐다.

'시간과 환경이 중요한 것은 사실이지만 내일 배울 원리가 빠진다면 시간과 환경은 오히려 해가 될 수도 있지.'

"혹시, 잘못된 목표가 북클럽 회원들의 세 번째 음모와 관련이 있나요?"

"와! 눈치가 빠르네."

거지아찌는 장난스러운 표정을 지으며 엄지손가락을 서현이를 향해 높이 치켜세웠다.

"세 번째 음모와는 어떤 관련이 있나요?"

거지아찌가 설명했다.

"독서도 방향 설정이 중요해. 방향이 잘못되면 오히려 해가 될 수도 있어. 서현아! 너는 독서를 왜 하니?"

서현이는 평소에 엄마가 했던 말들을 떠올렸다.

'독서가 기초가 돼야 다른 과목 성적도 오른다고!'

"독서를 하면 공부하는 데 도움이 되니까요."

"학습에 도움이 된다는 말이지?"

"네."

서현이는 자신 없는 목소리로 대답했다.

"물론, 독서가 학습에 도움이 되는 것은 사실이야. 그러나 학습을 위해 책을 읽는 것은 잘못된 과녁에 조준하는 것과 같아."

솔직히 서현이는 지금까지 책을 왜 읽어야 하는지 스스로 고민해 본 적이 없었다.

단지 주변 어른들이 책을 많이 읽으면 공부하는 데 도움이 된다기에 자신도 그렇게 믿었다.

"그럼, 왜 책을 읽어야 해요?"

"책을 읽어야 할 이유는 많지만 가장 큰 목적은 '즐거움'이지."

서현이는 평소에 즐기기 위한 독서를 한 적은 없었다.

그런데 거지아찌 말을 듣고 보니, 공부가 아닌 '즐거움' 때문에 책을 읽던 때가 생각났다.

"맞아요! 저도 어렸을 때는 책이 재미있어서 읽었던 것 같아요."

"대부분 아이들은 재미있는 이야기로부터 책을 읽기 시

작해. 하지만 학교에 들어가면서부터 독서는 오직 성적을 올리기 위한 목적으로 사용되지."

"아! 책이 주는 기쁨을 누리지 못하게 하려는 것이 북클럽의 음모군요."

"맞아. 북클럽의 회원은 세 번째 비밀원리를 이용해 세 번째 음모를 꾸미고 있단다."

서현이는 세 번째 비밀원리를 머릿속에 떠올렸다.

제3 비밀원리, "기쁨이 빠지면 노동만 남는다."

"그래. 독서가 학습에 도움이 되는 것은 사실이야. 그러나 학습을 위해 독서를 하면 즐거움은 사라져. 북클럽 회원들은 즐거운 책 읽기를 고통스러운 노동으로 만들려고 음모를 꾸미고 있어."

서현이는 지금까지 자신이 즐거움이 아닌 학습을 위한 독서를 했다는 사실을 깨달았다.

북클럽 음모에 속고 있다는 생각에 분노를 느꼈다.

서현이는 노트를 꺼내 오늘 배운 내용을 기록했다.

세 번째 음모
제3 비밀원리. "기쁨이 빠지면 노동만 남는다."
제3 행동지침. "목적을 빼앗아라!"

깨달음
목적이 없는 것보다 더 위험한 것은 잘못된 목적이다.
책 읽기의 중요한 목적은 즐거움이다.

실천사항
공부가 아닌 놀이로 책 읽기

서현이는 실천할 내용을 적으면서 거지아찌에게 물었다.

"아저씨, 그렇다면 즐거운 독서는 어떻게 하나요?"

"서현아! 네가 그 비밀을 알고 싶어 할 거라 생각했어. 그 질문에 대한 답은 내일 알게 될 거야."

서현이는 당장이라도 그 비밀을 알고 싶었지만 오늘 배운 내용을 가슴에 새기고 집으로 돌아가기로 했다.

서현이는 자리에서 일어나 인사를 하고 연구실 밖으로
나갔다.

캠퍼스는 축제 열기로 가득했다.

서현이는 한 가지 상상을 하면서 집으로 발걸음을 옮
겼다.

'만일 축제가 재미가 아닌 공부였다면 이처럼 뜨거운 열
기를 느낄 수 있었을까?'

선택을 빼앗는 자

목요일.

서현이는 집을 나서기 전, 예쁜 종이를 한 장 꺼내 사인 펜으로 한 문장을 적었다.

'독서처럼 값싸고 영속적인 즐거움은 없다_몽테스키외'

예전에 책에서 본 문구인데 비로소 그 의미가 가슴에 와 닿았다.

서현이는 이 문구를 책상 위에 붙여 놓았다.

책 읽는 목적을 잊을 때마다 이 글귀가 방향을 잡아 줄 것이라고 믿었다.

서현이는 어떻게 하면 '즐거움'이라는 목적을 향해 총을 쏠 수 있을지 궁금했다.

오늘 그 비밀이 밝혀질 것 같아 거지아찌와의 만남이 기대되었다.

가방을 챙겨 거실로 나왔다.

엄마가 설거지를 하고 있었다.

평소와 달리 엄마에게 말을 건넸다.

"엄마, 학교 다녀오겠습니다. 즐거운 하루 되세요."

뜻밖에 인사에 엄마가 놀라 제대로 말을 잇지 못했다.

"어, 어 그래. 너 너도⋯."

학교 수업시간은 여전히 길었다.

수업이 끝나고 긴 종례가 이어졌다.

종례가 끝나자마자 서현이는 교실 밖으로 나와 연구실로 향했다.

하루가 다르게 단풍이 물들고 있었다.

버스가 S 대학 정문 앞에서 멈췄다.

버스에서 내려 서현이는 축제 열기가 한창인 캠퍼스를 지나 연구실에 닿았다.

서현이는 밝은 목소리로 인사를 하며 연구실 문을 열었다.

"안녕하세요?"

"어서 와."

거지아찌는 서현이에게 따뜻한 코코아를 건네며 물었다.

"벌써 네 번째 특별 수업이네. 오는 데 힘들지는 않았니?"

"전혀요. 요즘 특별 수업 때문에 하루가 행복해요."

서현이는 손에 들린 노트를 가볍게 흔들어 보이며 말했다.

"그래. 나 역시 좋은 학생을 만나서 참 기쁘구나."

서현이는 거지아찌가 준 코코아를 받아들고 자리에 앉았다.

거지아찌도 따뜻한 커피가 든 머그잔을 손에 들고 서현이 맞은편에 앉았다.

"서현아, 오늘은 한 가지 이야기를 들려줄게. 이야기를 듣고 네 생각을 말해 주렴."

서현이는 대답 대신 가볍게 고개를 끄덕였다.

거지아찌가 이야기를 시작했다.

"아버지와 아들이 차를 타고 여행을 떠났어. 그런데 갑자기 커다란 트럭 한 대가 중앙선을 넘어 아버지와 아들이 타고 있던 승용차로 달려들었지."

서현이는 상황을 상상하자 몸서리가 쳐졌다.

"운전 중인 아버지는 무의식적으로 핸들을 오른쪽으로 돌렸어."

서현이는 자신도 모르게 몸이 오른쪽으로 쏠렸다.

"달려오는 트럭은 피했지만 차는 낭떠러지로 떨어졌지."

서현이도 몸을 웅크렸다.

"잠시 후 구조대원이 와서 아버지와 아들을 차에서 꺼냈어. 그런데 불행히도 아버지는 죽고 아들은 의식을 잃은 채 병원으로 옮겨졌지."

서현이는 참담한 사고 현장이 눈앞에 펼쳐지는 것 같아

입이 바싹 말랐다.

"한밤중에 응급실에 온 환자를 치료하기 위해 덩치가 큰 담당의사가 한걸음에 달려왔어. 그런데 환자 얼굴을 본 의사는 '아들아! 이게 무슨 일이니?'라며 울부짖었어. 이 소리를 들은 주위 사람들은 깜짝 놀랐지."

서현이도 놀랐다.

'어? 아버지는 이미 죽었는데….'

서현이가 놀라고 있을 때 거지아찌가 말을 건넸다.

"서현아, 이 의사는 아들과 어떤 관계일까?"

서현이는 혼란스러웠다.

이 이야기에서 함정을 찾기 위해 애썼다.

"혹시, 새아버지와 아들 관계인가요?"

"아니. 계곡에서 죽은 사람은 친아버지이고 아들에게 새아버지는 없어."

한참을 고심하던 서현이는 머리가 아파왔다.

"아저씨, 잘 모르겠어요. 도대체 어떤 관계죠?"

"이 두 사람의 관계는…."

거지아찌는 커피 한 모금으로 입을 축이고 말을 이었다.

"바로 엄마와 아들 관계란다."

"아! 엄마! 그러네요."

서현이는 의사가 여자일 것이라는 생각은 하지 못했다.

특히 늦은 밤 당직을 서야 하는 덩치가 큰 의사라면 당연히 남자라고 생각했다.

"맞아! 의사는 환자 엄마야. 하지만 사람들은 대부분 엄마일 거라고 생각하지 못하지."

"저 역시, 여자일 거라고는 전혀 생각하지 못했어요. 덩치가 큰 의사는 남자일 거라는 편견이 있었던 거 같아요."

"너뿐만 아니라 대부분의 사람들은 이러한 편견을 갖고 있어. 그런데 이러한 편견이 무서운 것은 새로운 가능성을 제거한다는 데 있지. 그래서 흔히 편견을 '새로운 가능성을 가두는 감옥'이라고도 해."

서현이는 '감옥'이라는 표현이 섬뜩하기는 했지만 편견을 가장 잘 묘사한 단어 같았다.

"이 편견과 제가 오늘 배울 북클럽의 음모와는 어떤 관계가 있나요?"

"좋은 질문이야. 그러나 네 질문에 답하기 전에 먼저 질문 하나 할게. 지난 시간에 책 읽는 중요한 목적이 뭐라고 했지?"

"즐거움이요."

"좋아. 책 읽기는 학습 이전에 재미가 있어야 한다고 했어. 그렇다면 재미있는 책 읽기는 어디에서부터 출발한다고 생각하니?"

"글쎄요?"

"그것은 바로 책을 스스로 고르는 거야."

서현이는 지금까지 엄마가 추천해 준 책이나 학원에서 읽으라고 정해 준 책만 읽었다.

만화책을 제외하고는 스스로 책을 골라 읽은 적이 거의 없었다.

"책을 스스로 고르는 것과 책 읽는 재미와는 어떤 관련이 있죠?"

"모든 즐거움은 자발성, 즉 스스로 하고자 하는 마음에서부터 생겨. 혹시 무엇을 하려고 했는데 엄마가 그 일을 시켜서 하기 싫었던 경험이 있니?"

"네! 있어요."

서현이는 손뼉을 치며 말했다.

"어느 날, 제 방이 너무 지저분해서 청소를 하려고 했어요. 그런데 엄마가 방을 보더니 돼지우리 같다며 청소 좀 하라는 거예요. 이상하게 그 말을 듣는 순간, 청소하려는 마음이 싹 사라지더라고요."

"그래, 아무리 좋은 것도 강제로 하면 하기 싫어지기 마련이야. 가장 맛있는 사과를 가장 맛없게 먹는 방법은 강제로 먹는 거지."

거지아찌가 말을 이어 갔다.

"책을 읽는 것은 즐거운 일이지만 강제로 책을 읽어야 한다면 책 읽기가 싫어질 거야."

"맞아요. 저도 엄마가 읽으라고 주는 추천도서나 논술학원에서 정해 준 책을 강제로 읽는 것은 정말 힘들었어요."

서현이는 거지아찌가 자신의 마음을 꿰뚫어 보고 있는

것 같아 속이 시원했다.

서현이는 말을 덧붙였다.

"가끔 친구들이 추천한 책이나 제가 읽고 싶은 책을 찾아 읽으려 하면 엄마나 논술 선생님은 좋은 책을 읽어야 한다 며 못 읽게 했어요."

거지아찌는 서현이를 이해한다는 표시로 고개를 끄덕이 며 말했다.

"어른들은 아이들이 좋은 책을 선정할 능력이 부족하다 고 생각해. 그래서 어른들은 권장도서를 아이들에게 읽히려고 하지. 그러나 이것은 아주 위험한 편견이야. 왜냐하면 이 편견 때문에 아이들은 책을 고를 수 있는 힘을 잃게 되거든."

서현이는 거지아찌 말이 한편으로는 공감이 됐다.

하지만 책을 고르는 일은 여전히 어른들의 도움이 필요하다고 생각했다.

"그렇지만 아이들이 좋지 못한 책을 읽을 수도 있잖아요. 그래서 어른들의 도움이 필요하지 않나요?"

"물론, 어른들이 좋은 책을 추천해 주는 것은 문제가 되지 않아. 문제는 아이들이 책을 스스로 고를 수 있는 가능성을 무시하고 어른들이 골라 준 책에만 의존하도록 강요하는 거야. 북클럽 네 번째 비밀원리가 무엇인지 기억나?"

서현이는 네 번째 비밀원리를 떠올렸다.

제4 비밀원리, "남의 힘을 빌리면 내 힘은 약해진다."

"그렇지. 바로 그거야. 어른들의 힘을 의지하면 쉽고 편할 수 있지만 책을 스스로 고르는 힘은 약해져. 결국 책 읽기가 의존적으로 될 수밖에 없지."

"아저씨의 이야기를 듣고 보니, 제가 왜 책 읽기에 흥미를 잃게 되었는지 알겠어요."

"서현아! 자신의 수준에 맞는 책을 스스로 골라 읽는 것이 책 읽는 즐거움을 위한 첫걸음이라는 사실을 잊지 마."

"네, 명심할게요."

서현이는 노트를 꺼내 배운 내용을 정리하기 시작했다.

네 번째 음모
제4 비밀원리. "남의 힘을 빌리면 내 힘은 약해진다."
제4 행동지침. "선택을 빼앗아라!"

깨달음
편견은 새로운 가능성을 가두는 감옥이다.
즐거운 책 읽기는 스스로 책을 고르는 데서 출발한다.

실천사항
내 수준에 맞는 책 스스로 선택하기.

서현이는 실천사항을 적다 보니 즐겁게 책 읽는 방법이 너무 단순하다는 생각이 들었다.

"아저씨, 재미있게 책을 읽는 방법은 생각보다 쉬운데요."

"진리는 복잡하지 않아. 오히려 단순하지."

"아저씨, 정말 감사해요."

서현이는 소중한 비밀을 알게 되어 가슴이 벅찼다.

"그러나 아직 감사하기에는 일러. 왜냐하면 지금까지 배웠던 모든 것보다 더 중요한 한 가지의 비밀이 아직 남아 있거든. 어쩌면 북클럽 회원들이 비밀 음모를 꾸미게 된 이유도 내일 배울 이 음모 때문일지도 몰라."

서현이에게 매 수업은 신선한 충격이었다.

그러나 이보다 더 중요한 수업이 남아 있다는 사실에 가슴이 설레였다.

"내일이 빨리 왔으면 좋겠어요."

거지아찌는 자리를 정리하며 말했다.

"그래, 내일 있을 마지막 수업을 기대하렴."

서현이도 자리에서 일어나 연구실 문을 향해 걸어가며
말했다.

"아저씨, 내일 뵐게요."

거지아찌는 바보 미소로 인사를 대신했다.

캠퍼스는 여전히 축제로 기쁨과 열정이 넘쳐났다.

서현이는 배운 내용을 조용히 생각하면서 집으로 발걸음
을 옮겼다.

'축제가 이처럼 기쁨이 넘치는 이유도 자발성 때문이
겠지?'

그래. 독서가 학습에 도움이 되는 것은 사실이야.
그러나 학습을 위해 독서를 하면 즐거움은 사라져.
북클럽 회원들은 즐거운 책 읽기를
고통스러운 노동으로 만들려고 음모를 꾸미고 있어.

마지막 미션

금요일.

오늘도 서현이는 일찍 일어났다.

세수를 한 후 서재로 향했다.

평소에 읽고 싶었던 동화책 한 권을 손에 잡았다.

엄마가 초등학교 저학년 때나 보는 책이라며 평소에 핀
잔을 주던 책이었다.

그러나 서현이는 이제 거리낌 없이 그 책을 읽기 시작
했다.

서현이는 시간 가는 줄 모르고 책에 빠졌다.

억지로 읽어야 하는 책과는 달리 재미가 있었다.

몰입독서를 30분 정도 하고 서현이는 식탁으로 갔다.

엄마는 벌써 출근하셨는지 식탁 위에 작은 메모만 남아 있었다.

'서현아! 오늘 엄마가 회사에 일찍 가야 해서 먼저 간다. 밥 챙겨 먹고, 남은 음식은 냉장고에 넣어 둬. 설거지는 싱크대에 놓아두고…'

서현이는 밥을 빨리 먹고, 설거지를 시작했다.

엄마는 서현이에게 설거지를 시키곤 했다.

그러나 서현이는 설거지를 할 때마다 짜증을 냈다.

이런 서현이의 태도 때문에 엄마는 좀처럼 서현이에게 설거지를 시키지 않았다.

그런 서현이가 오늘은 누가 시키지도 않았는데 엄마를 도와주려고 싱크대 앞에 섰다.

소매를 걷어 올리고 설거지를 했다.

엄마를 도울 수 있다는 것이 기뻤다.

설거지를 한 후 식탁에 작은 메모를 남겨 두고 서둘러 학교로 향했다.

'엄마! 앞으로 아침 설거지는 내가 할게!'

서현이는 거지아찌와의 수업을 통해 북클럽의 음모를 알게 되어 기뻤다.

동시에 오늘이 거지아찌와 함께하는 마지막 특별 수업이라는 생각에 슬픔이 몰려왔다.

종례가 끝나자마자 서현이는 마지막 수업을 듣기 위해 발걸음을 옮겼다.

캠퍼스는 축제 열기로 무르익었다.

그러나 서현이의 마음은 오직 거지아찌와의 특별 수업에가 있었다.

연구실에 도착한 서현이는 문을 열었다.

"아저씨! 안녕하세요?"

서현이는 일부러 평소보다 좀 더 크고 밝은 목소리로 인사했다.

"……."

반갑게 서현이를 맞이해야 할 거지아찌가 없었다.

시계를 보았다. 3시 1분 전이었다.

문이 열려 있는 것으로 보아 거지아찌가 멀리 가진 않은 것 같았다.

서현이는 거지아찌를 기다리는 동안 첫날부터 궁금했던 서랍장으로 발길을 돌렸다.

여전히 첫날 보았던 액자는 보이지 않았다.

다양한 상장과 상패를 눈으로 훑어보다가 '공동연구상'이라는 상패에 시선이 멈췄다.

국제학술협회에서 주는 상으로, "우수 논문으로 선정되어 공동연구상을 수여한다."라는 내용이 적힌 상패였다.

상패에는 두 명의 이름이 새겨져 있었다.

'서문화', '임명서.'

순간, 서현이는 지금까지 거지아찌의 이름조차 모르고 있었다는 사실을 깨달았다.

그러나 둘 중 한 사람이 거지아찌일 것이라 추측했다.

'이 중 누가 거지아찌일까?'

서현이의 눈이 '임명서'라는 이름에 고정되었다.

서현이 아빠와 이름이 동일했다.

서현이의 눈에 이 상패가 눈에 띈 것도 바로 '임명서'라는 이름 때문이었다.

동명이인이지만 아빠의 이름을 보자 기분이 묘했다.

그때, 문이 열리면서 익숙한 목소리가 귀에 들렸다.

"어! 서현이가 벌써 와 있었구나! 책 한 권을 챙겨 오느라 늦었어. 기다리게 해서 미안하다."

거지아찌 손에는 『어린왕자』라는 책이 들려 있었다.

"아니에요. 저도 방금 왔어요."

거지아찌는 『어린왕자』를 책상 위에 올려놓으며 말했다.

"코코아 마실래?"

"네."

서현이는 가볍게 대답한 후 '공동연구상' 상패에 있던 이름을 떠올리며 거지아찌에게 말을 건넸다.

"아저씨, 지금까지 아저씨 성함도 모르고 있었네요? 실례가 되지 않는다면 아저씨 성함을 알 수 있을까요?"

"그렇구나. 내 이름은 '서문화'란다. 그런데 지금처럼 그냥 아저씨라고 불러도 돼."

거지아찌는 서현이에게 코코아를 건네며 말했다.

서현이는 유난히 향이 진한 코코아를 한 모금 마셨다.

따뜻한 느낌이 목을 타고 온몸으로 전해지는 듯했다.

거지아찌는 마지막 수업 자료를 손에 들고 의자에 앉았다.

거지아찌 역시 커피를 한 모금 마신 후 말했다.

"서현아! 마지막 수업을 하기 전에 네가 풀어야 할 미션이 있다."

거지아찌는 서현이에게 미션 내용이 담긴 종이를 주었다.

서현이는 종이 위에 적힌 제목을 보았다.

'이상 국가를 만들라!'

제목이 비장했다.

서현이는 종이에 적힌 내용을 조용히 읽어 내려갔다.

'이상 국가를 만들라'

제3차 세계대전이 일어나 열 명만 살아남았다. 그런데 그 열 명의 생존자들은 모두 나와 친한 관계를 맺은 사람들이다. 그러나 만남의 기쁨도 잠시, 이들은 방사선 위험으로부터 이곳을 빨리 벗어나야 했다. 다행히 비행기가 한 대 있었고, 생존자 중 비행 조종사도 있었다. 목숨을 건 여행이 시작되었다. 순조로운 여행을 하던 중 연료 부족으로 비행기는 작은 섬에 도착했다.

작은 섬은 방사선의 위험은 없었다. 하지만 땅이 척박했고 천연자원이 부족했다. 멀지 않은 곳에 자원이 풍부한 섬이 있었지만 이동하기 위해서는 배가 필요했다. 다행히 이들은 건축가와 뱃사공의 도움으로 배를 만들었다. 그리고 다시 새로운 항해를 떠났다.

항해한 지 20일이 지나자, 식수와 음식이 바닥나기 시작했다. 기껏해야 일행이 10일 정도밖에 먹을 수 없는 분량이었다. 새로운 섬에 도착하기 위해서는 아직도 20일 정도를 더 가야 했다. 새로운 섬에 도착하기 위해 최소 한 명은 희생되어야 하는 상황이었다.

미션

새로운 섬에서 이상적인 국가를 만들기 위해 필요한 사람은 아홉 사람뿐이다. 이상 국가를 세우기 위해 필요한 아홉 사람을 선정하라!
아래는 생존자 열 명이다.
의사, 정치인, 과학자, 교사, 거지, 주부, 건축가. 비행조종사, 사업가, 뱃사공

서현이는 마지막 미션에 숨어 있는 의도가 궁금했다.
거지아찌 수업에는 늘 반전이 있었다.
서현이는 지금까지 한 번도 거지아찌가 묻는 질문에 정확한 답을 제시하지 못했다.

마지막 미션만은 통과해서 거지아찌에게 기쁨을 주고 싶었다.

서현이는 내용을 다시 한 번 읽은 후에 미션에 숨어 있는 의미도 생각해 보았다.

직감적으로 필요 없는 한 사람이 떠올랐다.

'거지'

서현이는 거지가 이상 국가를 만드는 데 불필요한 사람이라는 판단이 들었다.

반면, 나머지 일행은 이상 국가를 건설하는 데 하나같이 중요하고 소중한 사람이었다.

하지만 지금까지 경험으로 볼 때 이렇게 쉬운 답이 정답인 경우는 없었다.

그래서 다른 가능성을 생각해 보기로 했다.

두 번째 인물이 떠올랐다.

'정치인'

서현이는 북클럽처럼 자신의 이익을 위해 음모를 꾸미는 정치인들이 미웠다.

어쩌면 정치인이 거지보다 무서운 사람일지도 모른다는 생각이 들었다.

서현이는 두 사람 중 한 사람이 필요 없는 사람이라 확신하고 누구를 선택할지 고민했다.

거지아찌가 침묵을 깨며 물었다.

"서현아! 누구를 새로운 섬에 데리고 갈지 결정했니?"

서현이는 마음이 급했다.

거지와 정치인 중 한 사람을 선택해야 했다.

좀 더 시간을 갖고 고민한 후 서현이는 한 사람을 선택했다.

"정치인을 남겨 두고 다른 아홉 명을 데려가겠어요."

"왜 정치인을 선택했니?"

서현이는 자신 있게 대답했다.

"사실, 처음에는 거지를 남겨 두려고 했어요."

"거지?"

"예, 새로운 나라를 세우려면 생산적이고 효율적인 사람들이 필요해요. 하지만 거지는 사람들에게 혐오감을 줄 뿐

만 아니라 게으르잖아요. 식충이 같은 존재죠."

순간, 거지아찌 얼굴에는 슬픔이 비쳤다.

서현이는 거지아찌도 주변 사람들에게 '거지'라고 놀림을 받곤 했다는 사실을 깨닫고 미안한 마음이 들었다.

서현이는 서둘러 말을 돌렸다.

"누구나 쉽게 거지를 생각할 것 같아요. 그러나 아저씨 질문에는 언제나 반전이 있었어요. 그래서 다시 한 번 그동안 배운 내용을 생각해 봤어요."

"그래서 정치인을 떠올렸니?"

"네, 저는 그동안 아저씨를 통해 북클럽의 음모에 대해 알게 되었어요. 정치인들 역시 자신의 권력을 유지하기 위해 음모를 꾸밀 수 있는 사람들이잖아요."

거지아찌는 아무 말 없이 듣고 있었다.

"새로운 섬에서도 정치인은 자신들의 권력을 유지하기 위해 음모를 꾸밀 게 분명해요. 그렇기 때문에 정치인을 사전에 제거하는 것이 안전하죠."

'제거'라는 말에 거지아찌의 눈이 커졌다.

"필요 없는 인물이 정치인 맞나요?"

서현이는 정답이 궁금했다.

"아니란다. 정치인은 이 섬에서 꼭 필요해."

서현이는 후회했다.

"아! 그렇다면 거지군요?"

거지아찌는 가만히 고개를 저었다.

"그럼 주부?"

역시 거지아찌는 고개를 저었다.

서현이는 차례로 나머지 일곱 명을 지목했다.

마지막 사람까지 언급했을 때 거지아찌는 무겁게 입을
열었다.

"모두 아니란다."

"뭐예요? 그럼 정답이 없는 거예요?"

서현이는 혼란스러웠다.

"서현아! 이 문제를 다시 한 번 읽어 보렴."

서현이는 다시 한 번 한 문장씩 천천히 읽어 내려갔다.

첫 문장을 읽고 다음 문장을 읽어 나가는 데 한 문장이
마치 돋보기로 본 것처럼 크고 선명하게 눈에 들어왔다.

**'열 명의 생존자들은 모두 나와 친한 관계를 맺은 사람들
이다.'**

서현이는 가슴이 무너져 내렸다.

문제에 정신이 팔려 열 명의 생존자가 나와 어떤 관계를
맺고 있었는지를 생각하지 못했다.

서현이는 천천히 입을 열었다.

"아저씨! 왜 열 명 모두가 정답이 아닌지 알 것 같아요."

"그래. 생존자들은 너와 관계를 맺은 너의 이웃이나 친구 또는 가족일 수 있어."

서현이는 자신의 선택이 부끄러웠다.

"이들이 무슨 직업을 가졌는지는 중요하지 않단다. 중요한 것은 이들이 너와 관계를 맺은 사람들이라는 사실이야. 그리고 관계를 맺었다면 반드시 책임을 져야 하는 거야."

'책임'이라는 말을 듣자 서현이는 가슴이 먹먹했다.

거지아찌는 차분하게 말을 이어 나갔다.

"너와 내가 이 세상에 존재하는 이유도 우리와 관계를 맺은 누군가가 책임을 다했기 때문이야."

서현이는 갑자기 눈시울이 뜨거워졌다.

"그런데 너는….."

거지아찌의 목소리가 심하게 떨렸다.

잠시 침묵이 있은 후 거지아찌가 다시 말을 이었다.

"그런데 너는 관계에 대한 책임을 지지 않았어. 너와 관계 맺은 자들을 단지 직업으로 쉽게 판단해 버렸지."

순간 서현이는 자신이 무심코 했던 말들이 환청처럼 귀
에 울렸다.

'새로운 나라를 세우려면 생산적이고 효율적인 사람들이
필요해요. 하지만 거지는 사람들에게 혐오감을 줄 뿐만 아
니라 게으르잖아요. 식충이 같은 존재죠.'

'자신들의 권력을 유지하기 위해 음모를 꾸밀 것이 분명
해요. 그래서 정치인을 사전에 제거하는 것이 안전하죠.'

서현이의 눈에서 눈물이 뚝뚝 떨어졌다.

침묵이 한동안 연구실을 가득 메웠다.

침묵을 깨고 거지아찌가 무겁게 입을 열었다.

"이 미션의 정답을 공개하마. 마지막 미션의 정답은…."

거지아찌는 미션 종이를 서현이 손에 건네주었다.

그리고 아주 짧고 명확한 목소리로 말했다.

그래. 독서가 학습에 도움이 되는 것은 사실이야.
그러나 학습을 위해 독서를 하면 즐거움은 사라져.
북클럽 회원들은 즐거운 책 읽기를
고통스러운 노동으로 만들려고 음모를 꾸미고 있어.

마음을 빼앗는 자

"찢어라!"

서현이는 순간 놀랐다.

"네?"

"너를 부끄럽게 만든 이 종이를 찢어라!"

손이 떨렸다.

마치 신성한 성경을 찢으라는 명령 앞에 서 있는 사람처럼 떨고 있었다.

머뭇거리는 사이에 거지아찌는 다시 한 번 찢으라고 손짓을 보냈다.

마지못해 서서히 종이를 찢기 시작했다.

거지아찌의 시선이 서현이의 손을 향했다.

서현이의 손이 조금씩 빨라졌다.

종이가 갈기갈기 찢겨 나갈 때마다 서현이는 자신의 부끄러움이 찢겨 나가는 것 같았다.

종이가 조각이 될 때까지 계속 찢었다.

종이를 찢는 것을 멈추자 거지아찌가 말을 이어 갔다.

"서현아! 당장 보이는 성공에 집착하다 보면 관계의 소중함을 잊게 돼."

서현이는 조용히 거지아찌의 말에 귀를 기울였다.

"이것이 바로 북클럽 회원들이 진정으로 바라는 음모야. 그들의 음모는 교묘해서 한 번 유혹에 빠지면 누구도 쉽게 벗어날 수 없어. 그들의 음모로부터 벗어날 수 있는 유일한 길은 그들이 제시하는 달콤한 유혹을 거부하는 것뿐이야."

서현이는 이제야 거지아찌가 종이를 찢으라고 한 이유를 알 것 같았다.

제5 비밀원리. "보이는 것은 보이지 않는 것이 결정한다."

"이것이 북클럽 회원들의 마지막 비밀원리야."

서현이는 여전히 눈을 들지 못했다.

"사람들은 눈에 보이는 것을 쫓지. 그래서 사람을 평가할 때도 직업으로 평가하곤 해."

거지아찌는 잠시 말을 멈추고 냉장고에서 달걀 하나를 꺼내 왔다.

거지아찌는 서현이에게 달걀을 보여 주며 말을 이어 나갔다.

"달걀은 왜 타원형일까?"

갑작스러운 질문에 서현이는 당황했다.

"글쎄요."

서현이는 지금까지 달걀을 먹기만 했지 왜 타원형인지 생각해 본 적이 없었다.

"달걀이 세모나 네모 모양이면 안 될까?"

"달걀이 세모나 네모 모양이면 닭이 알을 낳거나 품기가 어려울 것 같아요."

"좋아, 그렇다면 원은 어떨까?"

"원이면 닭이 알을 굴리다가 둥지를 벗어나 깨지거나 사라질 위험이 있을 것 같아요."

"아주 좋은 지적이야. 즉, 알을 낳거나 품기에 가장 좋은 모양은 타원형일 수밖에 없다는 결론이네."

서현이는 가볍게 고개를 끄덕였다.

거지아찌가 말을 이어 나갔다.

"달걀 안에는 보이진 않지만 생명이 있어. 그 생명을 유지하기에 가장 적합한 모양이 타원형인 거야."

"결국 생명이 모양을 결정한다는 말이네요?"

"그래 바로 그거야. 달걀뿐만 아니라 이 세상에 존재하는 모든 것은 이처럼 보이지 않는 것이 보이는 것을 결정한단다."

"무슨 뜻인지 잘 모르겠어요. 좀 더 쉽게 설명해 주세요."

"좋아. 우리가 보는 책은 작가의 생각으로 만들어진 거야. 보이지 않는 작가의 생각이 보이는 책을 만들지. 우리가 감상하는 미술이나 음악 작품도 역시 보이지 않은 예술

가의 생각으로부터 나오는 거야."

"아! 보이는 것은 보이지 않는 것이 결정한다는 의미를 이제야 알겠어요. 하지만 이것이 왜 북클럽의 마지막 비밀 원리죠?"

"북클럽 회원들은 독서를 개인적인 활동이라고 우리를 속이고 있어."

"그럼 개인적인 활동이 아니란 말이에요?"

"책을 읽는다는 것은 단순히 문자를 읽는 것이 아니야. 오히려 글자 속에 숨은 작가의 마음을 읽는 행위지. 이런 의미에서 독서는 일종의 작가와 독자 사이의 관계를 맺는 활동이라고 보는 것이 옳아."

서현이는 한 번도 독서를 관계 맺는 활동이라고 생각하지 못했다.

"아저씨의 말을 듣고 보니 독서가 관계 맺는 활동이라는 말이 조금은 이해가 돼요. 그런데 여전히 북클럽 회원들의 음모를 모르겠어요."

"북클럽 회원들은 독서를 오직 개인적인 활동이라고 속

이면서 책임이 필요하다는 사실을 잊게 만들고 있어."

"책임이요?"

"맞아. 책임. 관계에는 반드시 책임이 따른다고 했던 말 기억하지."

"네."

서현이는 조금 전 실패했던 마지막 미션 내용을 떠올리며 대답했다.

"독서는 개인적인 성공을 위해 필요한 것처럼 보여. 하지만 진정한 독서는 나와 관계한 공동체를 살리기 위해 필요한 거란다."

거지아찌는 잠시 목을 축인 후 말을 이어 나갔다.

"이러한 측면에서 독서는 관계를 맺은 공동체를 위한 일종의 책임 활동이기도 해."

"아! 이제 독서를 하는 데 있어 왜 책임이 중요한지를 알 것 같아요."

"북클럽에서는 개인의 성공을 위한 독서를 '이기적 독서'라고 하는 반면, 공동체를 살리기 위한 독서를 '마음의 독서'라고 해."

서현이는 '마음의 독서'라는 말을 가슴에 새기며 거지아
찌 이야기에 귀를 세웠다.

"마음의 독서는 진정한 독서의 목적이자 방향이기 때문
에 북클럽 회원들은 독서를 이기적 독서에 머물도록 음모
를 꾸미고 있는 거야."

서현이는 '마음의 독서'가 공동체에 대한 책임을 지는 활
동이라는 생각이 들자 '마음의 독서'가 왠지 거룩하게 느껴
졌다.

"독서가 굉장히 신성한 행위처럼 느껴져요."

"그래. 아주 신성한 행위이지."

서현이는 노트를 꺼내 오늘 배운 내용을 정리했다.

다섯 번째 음모
제5 비밀원리. "보이는 것은 보이지 않는 것이 결정한다."
제5 행동지침. "마음을 빼앗아라!"

깨달음
관계를 맺은 것에는 반드시 책임이 따른다.
책을 읽는다는 것은 관계를 맺는 공동체적 활동이다.

실천사항
개인의 성공을 위한 독서가 아닌 '마음의 독서'하기.

서현이가 오늘 배운 내용을 노트에 적고 있는 동안 거지 아찌는 책상에서 『어린왕자』 책을 들고 왔다.

"아저씨, 정말 고마워요. 아저씨 말대로 만일 '마음의 독서'에 대한 부분을 배우지 않았다면 저의 성공만을 위해 독서하는 사람이 되었을 거예요."

"서현아! 네가 '마음의 독서'에 대해 이해한 것 같아 기쁘다."

거지아찌는 웃으며 서현이에게 『어린왕자』를 건넸다.

"혹시, 이 책 읽어 본 적 있니?"

"아니오. 동화책이에요?"

"동화책? 글쎄… 어른들을 위한 동화책이라고나 할까?"

서현이는 거지아찌가 건네 준 『어린왕자』를 이리저리 살펴보면서 말했다.

"표지가 아주 마음에 들어요. 그림도 아주 독특하고…."

"언젠가 시간이 되면 이 책을 꼭 읽어 보렴. 진정한 '마음의 독서'를 이해하는 데 도움이 될 거야."

"어떤 내용이에요?"

서현이는 책에 담긴 삽화를 살펴보면서 물었다.

"어린왕자와 장미와의 관계를 바탕으로 쓴 소설이야. 실제 이 책을 쓴 생텍쥐페리와 그의 아내와의 관계를 담은 자서전적 소설이기도 하고…."

"이 책의 주제는 뭐예요?"

"이 책은 관계 맺는 것이 왜 중요한지, 그리고 관계를 맺는다는 것에는 왜 책임이 필요한지를 말해 주고 있어."

서현이는 『어린왕자』의 책 내용이 왠지 오늘 배운 특별 수업과 많이 닮았다는 생각을 했다.

거지아찌의 설명이 이어졌다.

"이야기 속 주인공 어린왕자는 사막에서 여우를 만나 관계를 맺는다는 의미를 배우고, 더 나아가 관계를 맺는 것에는 반드시 책임이 필요하다는 의미를 깨닫게 돼. 이 책은 수많은 비유와 상징으로 되어 있어. 어린 네가 읽기에는 아직 무리지만 언젠가 '마음의 독서'가 왜 중요한지 알고 싶을 때 꼭 이 책을 다시 펼쳐보길 바란다."

"그럼 저에게 주시는 거예요?"

"물론이지. 일종의 졸업선물이라고 할까?"

서현이는 졸업이라는 말을 듣자 갑자기 슬퍼졌다.

"이제 아저씨와 헤어져야 할 시간이 온 것 같네요. 배운 내용들을 잘 기억할게요. 감사해요."

"서현아! 지금까지 받은 특별 수업을 꼭 기억해야 해. 그리고 마지막으로 너에게 전할 특별 수업이 한 가지 더 남아 있단다."

"북클럽의 음모는 다섯 가지라고 하지 않았나요?"

"물론, 비밀의 책에는 다섯 가지만 기록되어 있지. 하지만 진짜 음모는 비밀의 책에서조차 기록해 놓지 않았어. 북클럽 회원들의 음모가 지금까지 성공할 수 있었던 이유도 마지막 음모 때문이야."

서현이는 비밀의 책에 기록조차 하지 않을 정도의 무서운 음모가 무엇일지 궁금했다.

"아저씨! 그 마지막 음모는 뭐예요?"

"알고 싶니?"

"물론이죠!"

거지아찌는 이미 식어 버린 커피로 목을 축이고 입을 열었다.

마지막 음모

"북클럽 회원들의 마지막 음모를 알려 주기 전에 간단한 질문 하나 할게."

서현이는 귀를 기울였다.

"두 아들이 있었어. 엄마는 두 아들에게 심부름을 시켰지. 첫째 아들은 저녁밥을 먹고 하겠다고 했고, 둘째 아들은 내일 아침에 하겠다고 했어. 두 아들 중에서 누가 심부름을 했을 거 같니?"

서현이는 첫째 아들이라 생각했다.

아무래도 내일 하겠다는 둘째 아들보다 저녁밥을 먹고 하겠다는 첫째 아들이 더 빨리할 것 같았다.

"첫째 아들이요."

"틀렸어."

"둘째 아들인가요?"

"아니."

"네? 첫째도 둘째도 아니라면 누구죠?"

서현이는 혼란스러웠다.

"둘 다 심부름을 하지 않을 거야."

"왜죠?"

"밥을 먹고 하겠다는 말이나 내일 하겠다는 말은 '나는 지금 그 일을 하고 싶지 않아.'라는 강한 의지를 담고 있기 때문이지. 일을 미룬다는 것은 결국 하지 않겠다고 말하는 것과 같아. 막상 실천해야 할 시간이 다가오면 그 결심은 다시 내일 그리고 내년으로 미뤄지지."

거지아찌 말을 듣고 보니 서현이도 엄마 심부름을 미루다가 결국 하지 못해 핀잔을 들었던 때가 생각났다.

또한 시험공부를 하겠다고 결심만 하고 미루다가 시험을 망쳤던 일도 생각났다.

서현이는 마치 두 아들의 모습이 자신과 닮았다고 느꼈다.

"그럼, 결심한 것을 바로 실천하려면 어떻게 해야 하죠?"

"변화가 일어나려면 현재 상태를 벗어나고자 하는 절박함이 필요해."

서현이는 거지아찌의 말이 잘 이해되지 않았다.

서현이는 지금까지 책을 읽어야 한다는 절박함이 있었음에도 불구하고 변화되지 않은 이유가 궁금했다.

"절박한 마음은 있지만 여전히 행동의 변화로 이어지지 않는 이유는 왜죠?"

"그것은 바로 두려움 때문이야."

"두려움이요?"

"그래, 실패할지도 모른다는 두려움. 사람들은 누구나 새로운 도전이나 모험을 두려워 해. 하지만 실패는 하나의 과정에 불과해. 진정한 실패는 포기할 때에만 가능하지."

"실패의 두려움을 없앨 수 있는 방법이 있을까요?"

"두려움을 없앨 수는 없어."

"그렇다면 어떻게 용기를 갖고 새로운 도전을 시작하죠?"

"진정한 용기는 두려움을 모르는 것이 아니야. 오히려 두려움 속에서도 도전하는 거지. 항구에 정박한 배는 안전할지는 모르지만 보물섬을 발견할 가능성은 없어. 폭풍과 풍랑 속에서도 닻줄을 올리고 항해하는 배만이 보물섬을 찾는 행운을 얻을 수 있지."

서현이는 자신의 삶이 안전한 항구에 정박한 배라는 사실을 깨달았다.

서현이는 '포기하지 않는 한 실패는 단지 성공을 향한 과정'이라는 거지아찌의 말에 큰 위로를 얻었다.

"아저씨, 저도 보물섬을 찾고 싶어요."

"아주 좋은 결심이야. 그러나 그 결심이 변화로 이어지기 위해서는 네가 반드시 길들여야 할 친구가 있어."

"길들여야 할 친구요?"

"이 친구는 너에게 가장 큰 도움이 되기도 하지만 가장 큰 적이 되기도 해."

거지아찌는 계속 말을 이어 나갔다.

"이 친구는 모든 위대한 사람들의 하인이지만 모든 낙오
자들의 주인이기도 하지."

거지아찌의 수수께끼 같은 말이 이어졌다.

"이 친구는 평생 너와 함께할 거야. 두 얼굴을 가지
고…."

'두 얼굴을 가진?'

서현이는 머릿속이 복잡했다.

"이 친구를 벗으로 삼으면 너를 자유롭게 하지만 이 친구
를 적으로 삼으면 너를 구속할 거야."

서현이는 거지아찌의 말을 하나도 놓치지 않으려고 애
썼다.

"너의 미래는 이 친구의 흔적으로 만들어지지."

'나의 미래를 결정하는 친구.'

서현이는 혼란스러웠다.

"너를 성공으로도 이끌 수 있고 실패로 이끌 수도 있지만

이 친구는 오직 너의 행동에 따라 달라지지."

'나를 성공으로도 실패로도 이끌 수 있는 친구.'

서현이는 거지아찌의 말을 머리와 입으로 되뇌었다.

"너의 행동의 대부분은 이 친구가 결정하고, 너의 미래도 이 친구가 결정할 거야."

'나의 행동을 결정하고 미래를 결정한다.'

여기까지 입으로 읊조리자 서현이는 이 친구가 사람이 아닌 어떤 태도라는 생각이 들었다.

"이 친구는 오직 훈련을 통해 성장해. 네가 단호하게 이 친구를 훈련시키면 이 친구는 너에게 복종할 것이고 관대하게 대하면 너를 타락으로 이끌 거야."

서현이는 거지아찌가 말하는 이 친구가 누구일지 머릿속으로 생각했다.

'성패를 좌우하고 미래를 결정하는 친구'

'친구가 되기도 하고 적이 되기도 하고 주인이 되기도 하고 종이 되기도 하는 친구'

'오직 훈련을 통해서만 성장할 수 있는 친구'

서현이는 이 친구가 누구인지 쉽게 떠오르지 않았다.

"아저씨! 아저씨가 말하는 이 친구가 사람은 아니고 어떤 태도 같은데 도저히 모르겠어요."

서현이는 빨리 이 친구의 정체를 알고 싶었다.

그러나 거지아찌는 서현이에게 좀 더 생각할 기회를 주었다.

"좋아. 잘 추측했어. 네 말대로 이 친구는 어떤 태도야. 조금 더 힌트를 줄게."

서현이는 거지아찌의 말에 집중했다.

"너는 평소에 이 친구에 대해 거의 생각하지 않지만 사실 이 친구는 매순간 너를 지배하고 있어. 너의 말과 행동, 심지어 생각까지도…."

서현이는 '매순간'이란 말을 듣는 순간, 머릿속에 한 단어가 떠올랐다.

'습관'

"혹시, 습관인가요?"

"그래, 맞아. 너뿐만 아니라 변화를 꿈꾸는 모든 사람들

에게 필요한 친구지."

"그런데 습관과 북클럽 회원들의 음모와는 어떤 연관이
있나요?"

거지아찌는 커피를 한 모금 마시며 말을 이어 나갔다.

마지막 비밀원칙, "최선의 것이 타락하면 최악의 것이
된다."

'최선의 것이 타락하면 최악의 것이 된다?'

"아저씨, 이게 무슨 뜻이죠?"

"좋은 것일수록 변질되면 더 나쁜 것이 될 수 있다는 뜻이야."

"좀 어려워요. 쉽게 설명해 주세요!"

"좋아. 가령, 아주 맛있고 몸에 좋은 우유가 있다고 해보자."

서현이는 맛있는 딸기 우유를 생각하자 입에 침이 고였다.

"이 우유는 맛과 영양을 위한 최고의 식품이지. 하지만 만일 이 우유가 상하면 어떻게 되겠니?"

서현이는 예전에 날짜가 지난 우유의 냄새를 맡았던 기억이 났다.

몹시 불쾌한 냄새가 코끝으로 스멀스멀 올라오는 것 같았다.

서현이가 인상을 쓰면서 말했다.

"역겨워요."

"그래, 냄새와 맛만 고약한 게 아니야. 만일 상한 우유를 먹기라도 하면 건강을 잃게 될 수도 있어. 즉 최고의 우유가 상하면 최악의 우유가 될 수 있다는 말이야."

서현이는 마지막 비밀원리가 비로소 이해되었다.

그러나 습관과 비밀원리와는 어떤 연관이 있는지 여전히 연결고리를 찾을 수 없었다.

"이제 마지막 비밀원리가 무슨 뜻인지는 알 것 같아요. 그런데 습관과 북클럽 음모와는 어떤 연관이 있죠?"

"북클럽 회원들은 사람이 얼마나 연약한 존재인지를 잘 알고 있어."

"어떤 연약함이요?"

"사람들은 현재의 삶에 만족하지 않고 더 나은 삶을 꿈꾸지. 1년, 5년, 10년 후 자신에게 펼쳐질 꿈 말이야. 그러나 사람들은 중요한 사실을 잊고 있어. 아무리 위대한 꿈도 시작은 바로 '지금'에서 출발한다는 거야."

"위대한 꿈의 씨앗이 '지금'이라는 말이네요."

"그렇지. 그러나 사람들은 이 단순한 진리를 쉽게 잊어버려."

"왜 그렇죠?"

"고통 때문이야. 사실 우리가 미래에 대해 꿈꾸는 이유는 현실이 만족스럽지 않기 때문이야. 그런데 꿈을 이루기 위해서는 어쩔 수 없이 '지금'이라는 현실과 마주해야 해."

"꿈을 꾸는 사람은 많지만 꿈을 이루는 사람이 적은 이유를 알 것 같아요."

"북클럽 회원들의 음모가 지금까지 성공할 수 있던 이유도 사람들이 '지금'을 외면했기 때문이야. 하지만 '지금'을 바꾸지 않고는 위대한 꿈은 이루어지지 않아."

"이제야 아저씨가 왜 습관을 훈련하라고 말씀하시는지 알 거 같아요."

"현재를 변화시키기 위해 꾸준히 '지금'을 바꿔 가면 위대한 꿈을 만나게 되겠지만 '지금'처럼 잘못된 습관에 자신을 맡긴다면 위험한 미래를 만나게 되지."

서현이는 지금 자신의 독서습관에 변화를 주고 싶었다.

위험한 미래가 아니라 위대한 꿈을 이루고 싶었다.

"그렇다면 독서 습관을 기르는 데 가장 좋은 방법은 뭐예요?"

"매일 꾸준히 책 읽는 훈련을 하는 것 외에는 다른 방법은 없어. 하지만 일단 책 읽는 습관이 생기면 책 읽는 습관이 다시 너를 책 읽는 환경으로 인도해 줄 거야."

서현이는 오늘 배운 내용을 잊지 않기 위해 노트를 꺼내 정리하기 시작했다.

마지막 음모
마지막 비밀원리. "최선의 것이 타락하면 최악의 것이 된다."
마지막 행동지침. "습관을 빼앗아라!"

깨달음
포기하지 않는 한 실패는 성공의 과정일 뿐이다.
모든 위대한 꿈은 '지금'이라는 씨앗으로부터 싹튼다.

실천사항
책 읽는 습관이 책 읽는 환경으로 인도할 때까지 훈련하기.

서현이는 시계를 보았다.

평소보다 만남이 길어졌다.

"아저씨. 정말 감사해요. 아저씨와의 만남이 제 인생에서 가장 소중한 '지금'이었어요."

"나도 너를 만나서 즐거웠어. 이제 집으로 돌아가서 지금까지 배운 특별 수업 내용을 잘 실천하렴. 참고로 북클럽 회원들의 다섯 가지 음모는 연구실 이름과 함께 기억하면 절대 잊어버리는 일은 없을 거야."

"북클럽의 음모가 이 연구실과 관련 있나요?"

"물론이지. 연구실 이름을 기억하니?"

"그럼요. 'TEACH' 아니에요?"

"맞아. 우리는 지금까지 시간, 환경, 목적, 내용 그리고 마음에 관한 다섯 가지 음모를 배웠어."

서현이는 지금까지 배운 내용을 머릿속에 떠올려 보았다.

거지아찌가 계속 말을 이어 나갔다.

"Time, Environment, Aim, Choice 그리고 Heart. 우리가

배운 다섯 가지 원리를 영어로 표현한 거야. 이 다섯 단어들의 앞 글자를 조합하면 연구실 이름인 'TEACH'가 돼."

'T.E.A.C.H.'

"와! 정말 신기해요."

서현이는 소름이 돋는 것 같았다.

"그러나 다섯 가지 음모를 기억하는 것보다 '지금' 당장 실천하는 것이 더 중요하다는 사실을 잊으면 안 돼."

"네. 오늘 배운 마지막 비밀원리처럼 습관이 되도록 훈련할게요."

"훌륭한 학생을 가르치게 되어 기쁘다."

거지아찌가 오른손을 내밀었다.

서현이도 손을 내밀어 거지아찌의 손을 잡았다.

공원에서 거지아찌의 손을 처음 잡았을 때처럼 온기가 느껴졌다.

그동안 거지아찌와 함께한 시간들이 스쳐 지나갔다.

서현이는 눈물이 날 것 같았다.

눈물을 애써 참으며 거지아찌에게 말을 건넸다.

"이제 아저씨는 어디로 갈 거예요?"

"글쎄다. 또 다른 곳에서 다시 쓰레기를 주우며 지내야겠지?"

"하지만 비밀요원에게 다시 잡히면 어떻게 해요?"

"이젠 잡혀도 두렵지 않아. 왜냐하면 내가 해야 할 일즉, 북클럽의 비밀을 너에게 모두 알려 주었기 때문이야."

거지아찌는 바보 미소를 지었다.

바보 미소를 보자 서현이는 다시 눈앞이 흐려졌다.

그러나 바보 미소를 짓고 있는 거지아찌 앞에서 눈물을 보이면 안 될 것 같았다.

어색한 미소를 지으며 자리에서 일어나 문 앞에 섰다.

서현이는 문을 바라보고 떨리는 입술을 열었다.

"아저씨! 아저씨의 미소가….."

서현이의 목소리가 심하게 떨렸다.

"아빠 미소를 닮아 행복했어요."

서현이는 간신히 한마디를 내뱉고 문을 열어젖혔다.

서현이는 마지막으로 한 번 더 거지아찌 미소를 보고 싶었지만 눈물이 쏟아질 것 같아 빠르게 문을 닫았다.

캠퍼스는 축제의 감동으로 웃음이 가득했지만 서현이의 눈에는 눈물이 가득했다.

그러나 서현이의 눈물 속에는 희망이 담겨 있었다.

서현이는 자신에게 그리고 거지아찌에게 다짐하듯 속삭였다.

'아저씨! 책을 좋아했던 서현이가 아닌 책을 좋아하는 서현이가 될 게요. 그때 꼭 다시 만나요.'

만남

시간이 멈춘 듯했다.

여자 아나운서의 목소리가 시간을 깨웠다.

"정답은 '책임!' 책임입니다. 축하합니다. 서현 양이 마지막 문제까지….."

정답 발표와 함께 여자 아나운서 목소리가 계속 흘러 나왔지만 기쁨과 환호에 묻혀 잘 들리지 않았다.

스튜디오에 있던 친구들과 선생님 그리고 엄마가 뛰어나와 서현이를 둘러쌌다.

"드림북을 펼친 임서현 양에게는 대학 입학 시 4년간 장학금과 해외 연수금이 지급됩니다."

여자 아나운서의 목소리가 미세하게 떨렸다.

남자 아나운서가 말을 받았다.

"역사적인 순간이네요."

남자 아나운서가 서현이를 향해 걸어가며 말을 이었다.

"역사의 주인공을 직접 만나보겠습니다."

남자 아나운서가 서현이에게 마이크를 넘기며 물었다.

"지금 심정이 어떻습니까?"

서현이가 담백하게 말했다.

"아주 기쁩니다."

"서현 양, 평소 책을 많이 읽는 편인가요?"

"매일 30분 이상, 시간을 정해 놓고 책을 읽습니다. 아무리 바빠도 책을 읽는 시간만은 놓치지 않습니다."

"저는 책만 보면 잠이 오는데 서현 양은 책을 정말 좋아하나 보네요. 참 부끄럽습니다. 혹시, 책을 좋아하게 된 계기가 있었나요?"

"네, 저에게 책을 사랑하는 방법을 알려 준 아저씨가 계셨어요. 그분 덕에 책을 사랑하게 됐어요."

서현이가 얼굴을 붉히며 말했다.

"지금 그분이 이 방송을 보고 계실 수도 있을 거 같은데 요. 그분께 감사 인사 한마디 하시죠."

"그분이 이 방송을 보고 계실까요? 모르겠네요."

"네? 무슨 말이죠?"

"초등학교 이후 아저씨를 만날 수 없었거든요. 어쩌면 저 를 기억하지 못할 수도 있고요. 하지만 아저씨가 이 방송을 보고 계신다면 이 말만은 꼭 전하고 싶어요."

배경음악과 함께 카메라가 서현이의 얼굴을 잡았다.

"아저씨!"

이름만 불렀는데 목소리가 심하게 흔들렸다.

"제가 책을 좋아하는 서현이가 될 수 있도록 비밀을 알려 주셔서 감사해요. 아저씨가 알려 준 특별 수업을 한 번도 잊지 않았어요. 아니 잊을 수 없었어요. 그리고 아저씨가 전해 준 마지막 친구를 벗으로 삼아 이 자리에 서게 되었네 요. 힘든 순간이 올 때마다 아저씨의 바보 미소를 떠올렸어요. 정말….”

거지아찌의 바보 미소를 떠올리자 눈앞이 흐려졌다.

서현이가 한참 동안 말을 잇지 못하자 남자 아나운서가 말을 이었다.

“예, 아주 특별한 만남이었던 것 같군요. 혹시, 시청자들을 위해 서현 양만의 독서 방법을 잠깐 소개해 줄 수 있나요?”

여자 아나운서가 어느덧 손수건을 가져와 서현이의 손에 쥐어 주었다.

서현이는 눈물을 훔치며 남자 아나운서의 말을 받았다.

“예, 사실, 이 방법도 그 아저씨로부터 배운 건데요. 원리는 간단해요. 책을 읽을 수 있는 환경에서 매일 30분 이상, 자신이 읽고 싶은 책을 즐겁게 읽는 거예요.”

“매일 30분 이상, 즐겁게 책을 읽는 것이 끝인가요?”

“네. 간단하죠?”

“아! 정말 간단하네요.”

“네 맞아요, 하지만 매일 실천하기는 결코 쉽지 않죠.”

"혹시 서현 양이 이것을 실천으로 옮길 수 있었던 비결이라도 있었나요?"

"저는 한 친구를 잘 사귀었어요."

"아, 그렇군요. 책 읽는 친구. 그것이 비결이었군요."

"아니요. 이 친구는 사람이 아니고 일종의 태도라고 할 수 있어요."

"태도요? 그 태도가 무엇인가요?"

"제가 말하는 친구 즉, 태도는 '습관'이에요."

"아! 책 읽는 습관."

남자 아나운서가 고개를 끄덕이며 공감했다.

"네. 처음에는 매일 30분 이상 책을 읽는 것이 쉽지 않았어요. 하지만 일단 책 읽는 습관이 몸에 배니까 어느 순간 그 습관이 저를 책 읽는 환경으로 인도해 주었어요."

"그렇군요."

짧은 말과 함께 남자 아나운서가 다시 카메라로 몸을 돌려 말을 이어 갔다.

"시청자 여러분, '책 읽는 습관' 이것이 전국 독서 퀴즈 대회에서 첫 번째 드림북을 펼친 영웅의 독서 방법이었습니다. 다시 한 번 드림북을 펼친 서현 양에게 축하의 박수 부탁드립니다."

남자 아나운서의 말이 끝나자 사방에서 박수와 환호성이 터져 나왔다.

박수 소리가 잦아들자 여자 아나운서가 다시 마이크를 잡았다.

"예, 임서현 양의 감동적인 인터뷰 감사합니다. 이어서 바로 시상식을 진행하겠습니다."

화면은 다시 무대 중앙으로 옮겨졌다.

"오늘 시상은 세계적인 교육학자이자 현 교육부 장관이신 서문화 박사님께서 도와주시겠습니다."

여자 아나운서의 말이 끝나자 모든 시선이 중앙 무대 뒤편으로 향했다.

'서문화?'

서현이는 장관님의 이름을 듣는 순간 귀를 의심했다.

장관님의 이름과 거지아찌의 이름이 똑같았다.

우연치고는 놀라웠다.

'서문화'라는 거지아찌로부터 시작된 독서의 씨앗이 '서
문화'라는 교육부 장관이 주는 독서의 열매로 이어지는 이
무대가 서현이는 신기했다.

여자 아나운서의 목소리가 이어졌다.

"서문화 장관님을 모실 때 큰 박수로 환영해 주시길 바랍
니다."

박수와 환호를 받으며 교육부 장관이 무대 중앙으로 모
습을 보였다.

하얀색 와이셔츠와 노란색 넥타이가 검정색 양복과 잘
어울렸다.

50대 초반에 온화하고 인자한 모습이었다.

여자 아나운서가 다정하게 말을 이어 나갔다.

"장관님! 전국 독서 퀴즈 대회에서 3년 만에 첫 주인공
이 탄생했는데요. 먼저 임서현 양에게 축하 말씀 부탁드립
니다."

여자 아나운서가 마이크를 장관님에게 넘겼다.

카메라에 장관님의 얼굴이 크게 잡혔다.

이어 축하 인사가 마이크를 통해 흘러나왔다.

"임서현 양이 드림북을 펼친 첫 번째 학생이 되어 정말 기쁩니다. 서현 양의 인터뷰를 들으면서 정말 기뻤습니다. 아마 서현 양에게 책 읽는 즐거움을 알려 준 아저씨도 기뻐했을 것입니다. 앞으로 훌륭한 독서가로 성장하길 기대합니다."

장관님은 짧은 축하 메시지를 서현이에게 던진 후 미소를 지어 보였다.

순간 서현이는 왠지 모를 친근감이 들었다.

그리고 자신도 모르게 입에서 짧은 탄성이 터져 나왔다.

'아! 거지아찌?'

서현이는 장관님의 미소에서 거지아찌의 바보 미소를 보았다.

그러나 서현이는 이내 고개를 저었다.

여자 아나운서의 목소리가 서현이의 귀에 들렸다.

"임서현 양! 시상대 앞으로 나와 주시기 바랍니다."

서현이는 자리에서 일어나 무대 중앙에 마련되어 있는 시상대로 향했다.

서현이는 시상대 앞에 서서 장관님을 바라보았다.

장관님의 모습 속에 거지아찌의 모습이 비쳤다.

'내가 너무 감상에 젖었나?'

서현이는 장관님 모습 속에 보이는 거지아찌의 모습을 떨쳐 버리려고 애썼다.

여자 아나운서가 상장 내용과 장학증서 내용을 읽어 주는 동안에도 서현이는 일부러 고개를 아래로 숙이고 있었다.

"교육부 장관 서문화."

여자 아나운서의 낭독이 끝나자 장관님이 상장과 장학증서를 서현이에게 건넸다.

상장과 장학증서를 받아들고 서현이는 감사 인사를 했다.

감사 인사를 하는 서현이에게 장관님이 악수를 청했다.

　서현이는 손을 뻗어 장관님의 손을 잡았다.

　순간 서현이는 심장이 멈추는 것 같았다.

　장관님 오른 손등에 다양한 크기의 흰색 반점이 또렷이
보이는 것이었다.

　"서현 양 진심으로 축하합니다."

　장관님은 서현이에게 짧은 인사말을 하며 다시 미소를
보였다.

　"아저씨!"

　서현이의 입에서 '아저씨'라는 말이 터져 나왔으나 여자 아나운서의 말에 묻혀 버렸다.

"예, 역사적인 순간입니다. 다시 한 번 서현 양에게 축하
와 격려 박수를 부탁드립니다."

서현이의 귀에는 아무 소리도 들리지 않았다.

단지 거지아찌만 보였다.

시상식이 끝나고 몇 가지 인터뷰와 기념촬영이 이어졌지
만 서현이는 마음이 급했다.

거지아찌를 찾아야 했다.

그토록 보고 싶어 했던 거지아찌를 만나야 했다.

방송 촬영을 마치고 서현이는 대기실로 달려갔다.

대기실 복도 끝에 장관님의 모습이 보였다.

"장관님!"

장관님이 고개를 돌려 서현이를 바라보았다.

서현이 앞에는 교육부 장관이 서 있었다.

동시에 서현이가 그토록 보고 싶었던 거지아찌가 서 있
었다.

서현이는 이 모든 상황이 혼란스러웠다.

"장관님! 아니 아저씨! 장관님이 바로 제가 알던 아저씨가 맞죠?"

장관님은 대답 대신 바보 미소를 지었다.

진짜 비밀

　서현이와 거지아찌는 방송실 내에 있는 응접실에 마주 앉았다.

　서현이가 입을 열었다.

　"아저씨! 어떻게 된 거예요?"

　거지아찌는 어디서부터 이야기를 해야 할지 몰랐다.

　거지아찌는 쉽게 입이 떨어지지 않았다.

　"서현아! 너에게 먼저 용서를 구해야겠구나."

　"아저씨가 왜 제게 용서를 구해요?"

　"사실, 내가 너를 속였거든."

　서현이는 아저씨가 무슨 말을 하는지 이해되지 않았다.

"아저씨가 저를 속이다니요? 그게 무슨 말씀이세요?"

거지아찌는 응접실에 놓인 커피를 한 모금 마시며 말을 이었다.

"서현아! 6년 전, 너를 처음 만났을 때 나는 국가 지원을 받아 중요한 프로젝트를 진행하고 있었단다."

"중요한 프로젝트요?"

"그래, 독서에 관한 프로젝트로 독서가 어린 학생들의 지적 · 정서적 발달에 어떤 영향을 미치는지에 대한 연구였지."

거지아찌는 6년 동안 숨겨 두었던 비밀을 털어놓았다.

"나는 이 프로젝트를 실험이 아닌 실제로 진행하기로 결심했어. 그야말로 지금까지 없었던 위대한 프로젝트가 시작된 셈이지."

서현이의 얼굴에는 여전히 이해할 수 없다는 표정이 서려 있었다.

서현이 표정을 읽은 거지아찌는 이야기를 이어 나갔다.

"참가자 역시, 실험대상자가 아닌 실제참가자가 되어야

했고 나 또한 교수가 아닌 다른 누군가가 되어야 했어."

거지아찌는 마치 기억을 더듬어 올라가듯 말을 천천히 이어 갔다.

"이 프로젝트의 성공 여부는 프로젝트 참가자를 선발하는 데 있었어. 나는 프로젝트 참가자를 선발하는 데 세 가지 원칙을 세웠지."

"세 가지 원칙이요?"

"그래, 첫 번째 원칙은 책을 싫어하는 학생이어야 했고, 둘째 원칙은 부모의 강요나 외부 압력이 아닌 자발적인 참여 의사가 있어야 했어. 마지막으로 가장 중요한 원칙은 사람에 대한 어떤 편견도 없어야 했지."

서현이는 첫 번째와 두 번째 원칙은 이해되었다.

하지만 마지막 원칙이 중요한 이유에 대해서는 이해가 되지 않았다.

"왜 편견이 가장 중요한 원칙이죠?"

"6년 전, 특별 수업 때 네 번째 북클럽 음모에 대해 말하면서 편견에 대해 말했던 것을 기억하니?"

"편견은 새로운 가능성을 가두는 감옥이다."

서현이는 서슴지 않고 답했다.

"오래 전 내용인데도 잘 기억하고 있구나. 편견을 가진 참가자는 자신의 고정관념 때문에 새로운 가능성을 스스로 닫아 버리지."

"그럼 아저씨가 거지 행세를 한 이유도 편견을 없애기 위한 거였나요?"

"그래, 사람들은 교수는 존경하지만 거지는 무시해. 그러나 거지의 말까지 경청할 수 있는 학생이라면, 이 프로젝트에 가장 적합한 참가자라는 생각이 들었어!"

복잡한 실타래가 조금씩 풀리는 것 같았다.

"그런데 왜 하필 아저씨는 저를 선택했나요?"

"사실, 처음부터 너를 생각했던 것은 아니야. 그런데 이 프로젝트를 하면서 초등학교 학생 중 누구를 선정할 것인가를 고민하다가 문득 친구 딸이 생각났어. 대학에서 프로젝트를 함께 연구하던 친구였는데 교통사고로 일찍 세상을 떠났지."

"친구 분의 딸을 선택하면 될 것을 왜 저를 선택하셨나요?"

순간 거지아찌는 말을 잇지 못했다.

잠시 침묵이 흐른 후, 거지아찌는 어렵게 입을 열었다.

"네가 바로 그 친구의 딸이었기 때문이야."

"네?"

서현이는 충격에 빠져 한동안 말을 이을 수가 없었다.

"네 아빠와 나는 대학에서 독서 교육에 대한 연구를 함께 했어. 우리는 공부 때문에 책을 멀리하는 학생들이 불쌍하기도 했고, 교육에 새로운 대안이 필요하다고 생각해서 이 프로젝트를 시작했지. 우리는 자료를 수집하고 연구 논문도 쓰면서 이 프로젝트에 열정을 쏟았어."

거지아찌는 마치 과거를 회상하듯 잠시 말을 멈췄다.

그리고 다시 차분하게 말을 이어 나갔다.

"우리는 독서만큼 단순하고 재미있고 효과적인 인재양성 프로그램은 없다고 확신했어. 반면 수많은 교육학자들은 이 단순한 진리를 버리고 다양한 교육 프로그램을 만들었지. 마치 '어떻게 하면 학생들에게 책을 읽지 못하게 할까?' 음모를 꾸미고 있는 것처럼 보였어."

서현이는 '음모'라는 말을 듣자 북클럽 회원들이 떠올랐다.

"물론 교육학자들 중 우리와 같이 독서를 중시하는 사람들도 있었어. 하지만 잘못된 독서 방법을 제시하는 바람에 오히려 어린 학생들이 책과 멀어지게 만들었지."

서현이는 거지아찌를 통해 들었던 잘못된 'TEACH'에 대해 떠올렸다.

"우리는 독서 교육의 중요성과 올바른 독서 방법을 세상에 알려야 한다는 사명감에 불탔어."

서현이는 거지아찌가 이야기를 하고 있는 내내 한 가지 질문이 머릿속을 떠나지 않았다.

"그럼 저희 아빠도 아저씨처럼 북클럽 회원이었나요?"

"북클럽 회원? 하하~"

거지아찌가 웃음을 터뜨렸다.

"서현아! 웃어서 미안하다. 사실 너에게 한 가지 더 고백

할 게 있어. 북클럽 회원은 존재하지 않아. 아니 어쩌면 진짜 존재할지도 몰라. 하지만 우리는 북클럽 회원들을 실제로 보지는 못했어."

서현이는 계속되는 충격으로 머리가 지끈거렸다.

"우리는 독서 교육을 연구하면서 독서를 하지 못하도록 방해하는 음모 단체가 있다는 생각이 들었어. 우리는 이들을 '북클럽의 회원들'이라고 말했지."

서현이는 북클럽 회원들이 존재하지 않는다는 사실을 받아들이기 힘들었다.

"그렇지만 아저씨는 실제로 북클럽 비밀요원에게 감시를 받고 있었잖아요."

거지아찌는 멋쩍은 웃음을 지으며 말을 이어 나갔다.

"서현아! 나는 네가 이 프로젝트를 포기하지 않고 끝까지 참여하기를 원했어. 그렇게 하려면 강력한 동기가 필요했지. 그 동기를 찾던 중 오래 전 네 아빠와 함께 이야기를 나누던 '북클럽 회원들'을 떠올렸던 거야."

서현이는 자신이 프로젝트의 희생양이 된 것 같아 마음

이 상했다.

무엇보다도 믿었던 거지아찌에게 속았다는 생각에 마음을 가다듬을 수가 없었다.

"그럼 비밀의 책이니 북클럽의 음모니 하는 것들도 다 거짓말이었나요?"

서현이의 말 속에는 가시가 돋아 있었다.

"마음이 상했다면 미안하다. 네 말대로 북클럽이니 비밀 요원이니 하는 것은 독서 교육에 있어 중요한 다섯 가지 원리를 전달하기 위해 꾸며 낸 이야기야. 하지만 북클럽 회원들의 이야기가 전혀 근거 없다고 보지는 않아. 왜냐하면 세상은 북클럽 회원들보다 더 치밀하게 책으로부터 학생들을 멀어지게 만들고 있으니까."

서현이는 여전히 이해되지 않는 부분이 있었다.

"위대한 프로젝트를 위해 그럴 수밖에 없었다고 해도 꾸민 이야기 대신 독서 교육의 중요한 원리들을 정직하게 말해 줄 수는 없었나요?"

거지아찌는 잠시 호흡을 가다듬고 입을 열었다.

"물론, 그럴 수도 있었지. 하지만 사람은 정보를 쉽게 잊는단다. 지식은 쉽게 사라지기 때문이야. 반면, 이야기는 오래 기억되지."

거지아찌는 잠시 말을 멈춘 후 설명을 이어 나갔다.

"그러나 내가 북클럽의 이야기를 꾸민 진짜 이유는 네가 독서 원리를 생명처럼 소중히 간직하길 원했기 때문이야. 네 아빠의 생명을 통해 잉태한 지식을 네가 생명처럼 귀하게 여기길 원했어."

'결국 북클럽에 대한 이야기는 나를 위한 아저씨의 배려였구나.'

서현이는 비로소 거지아찌에 대한 원망이 조금 사그라졌다.

그러나 궁금한 점이 한 가지 더 있었다.

"그렇다면 공원에서 아저씨를 쫓던 북클럽 비밀요원은 누구였나요?"

거지아찌는 어색한 웃음을 지으며 말했다.

"두 신사는 S 대학에서 내가 가르치고 있던 체육교육학과 학생들이었어. 이 프로젝트를 위해 치밀하게 준비된 친구들이었지."

"그렇다면 아저씨와 제가 만났던 'TEACH' 연구실도 이 프로젝트를 위한 치밀한 계획이었나요?"

"그렇단다. 이 프로젝트를 위해 한 달간 정부 및 대학에 도움을 구했단다."

"이 모든 일이 단 한 사람, 저를 위한 프로젝트였다는 말씀인가요?"

"물론이지. 하지만…"

거지아찌는 말꼬리를 흐렸다.

잠시 침묵이 흐른 후 거지아찌가 말을 이어 갔다.

"사실, 이 프로젝트는 나를 위한 프로젝트이기도 해."

"아저씨를 위한 프로젝트라고요?"

"그래, 네 아빠와 함께 이 프로젝트를 준비하는 동안 네가 태어났어. 네 아빠는 이 연구를 위해 모든 것을 포기할 정도로 몰입했지. 그러나 한편으로는 가족과 함께 시간을 보내지 못한 것에 대해 미안한 마음을 갖고 있었어."

서현이는 추억 한편에서 사라진 아빠에 대한 기억을 더 듣어 보려고 애썼다.

하지만 아빠에 대한 기억은 남아 있지 않았다.

반면, 거지아찌는 아빠에 대한 모든 것을 기억해 냈다.

"헌신적인 연구로 우리는 국제학술협회에서 주는 '공동 연구상'을 받기도 했지."

'공동연구상'이라는 말을 듣는 순간 서현이는 'TEACH' 연구실 서랍장에 있던 상패가 떠올랐다.

거지아찌는 10년 전 추억을 떠올리며 말을 덧붙였다.

"그런데 연구가 거의 마무리 될 무렵, 갑자기 네 아빠가 교통사고로 세상을 떠나게 되었어."

서현이는 아빠가 세상을 떠났던 그 시간을 생각하자 몸이 떨렸다.

거지아찌는 한숨을 크게 쉬더니 이야기를 이어 나갔다.

"나는 네 아빠가 세상을 떠난 후 더 이상 이 프로젝트를 진행할 수 없었어. 네 아빠가 없는 프로젝트는 생각할 수 없었거든."

거지아찌는 과거를 생각하며 말을 이어 나갔다.

"네 아빠가 돌아가신 후 나는 유학길에 올랐어. 일종의 도피라고도 할 수 있었지. 그런데 이 프로젝트에서 도망치려고 하면 할수록 네 아빠가 평소 농담처럼 했던 말이 나를 괴롭혔어."

"무슨 말이요?"

"내 딸을 위해서라도 이 프로젝트는 꼭 완성되어야 해."

'딸을 위해서라도….'

서현이는 이 말을 듣는 순간 가슴이 먹먹했다.

거지아찌는 다정하게 말을 이어 나갔다.

"네 아빠가 남긴 한마디가 나에게는 유언처럼 들렸어. 꼭 지켜야 할 약속처럼 말이야."

서현이가 기억하는 아빠는 오직 일에만 빠져 살던 사람이었다.

서현이는 아빠가 하는 프로젝트가 싫었고 그 프로젝트에 빠져 사는 아빠가 미웠다.

그런데 그런 아빠가 자신을 위해 연구 프로젝트를 완성

하기 원했다는 말을 듣자 아빠를 미워했던 자신이 너무 싫었다.

"나는 유학을 마치고 다시 대학에서 학생들을 가르치면서 오직 프로젝트를 준비하는 데 매진했지. 포기하고 싶은 순간이 올 때마다 네 아빠가 유언처럼 남긴 말을 떠올렸어. 그리고 나는 네 아빠와 한 가지 약속을 했단다."

"어떤 약속이요?"

"반드시 프로젝트를 완성하겠다는 약속."

거지아찌의 목소리가 살짝 떨렸다.

잠시 침묵이 흐른 후, 거지아찌가 서현이를 바라보며 다시 말문을 열었다.

"서현아! 고맙다."

갑작스러운 거지아찌의 고백에 서현이는 어리둥절했다.

"너는 나에게 두 가지를 동시에 완성할 수 있도록 도와주었어. 첫째는 너와 함께했던 연구 프로젝트였고, 다른 하나는 아빠와 함께했던 약속이었어."

서현이가 거지아찌의 말을 받았다.

"고마워해야 할 사람은 저예요. 아저씨는 저에게 두 가지 사랑을 찾을 수 있도록 도와주었어요. 첫째는 싫어했던 독서를 사랑하게 된 것이고, 다른 하나는 미워했던 아빠를 사랑하게 된 거예요."

두 사람은 미소를 지으며 서로를 바라보았다.

잠시 후 거지아찌가 가방에서 작은 액자 하나를 꺼내 서현이에게 건넸다.

"이 사진은 나보다 네가 갖고 있어야 할 것 같다."

사진 속에는 '공동연구상'을 받으며 찍은 수상 사진이 있었다.

6년 전 서현이가 서랍장에서 보았던 사진이었다.

"6년 전, 연구실 서랍장에서 언뜻 보았어요. 익숙한 얼굴이라는 생각이 들었는데 정말 아빠였네요."

"나는 오늘 네가 전국 독서퀴즈 대회 결선에 진출했다는 소식을 듣고 놀랐어. 동시에 6년 전 프로젝트가 어떤 열매로 이어졌을지 궁금했지. 그리고 프로젝트가 성공적이었다면 네가 드림북을 펼칠 주인공이 될 수도 있겠다는 희망도 가졌어. 만일 네가 드림북을 펼치면 나는 이 사진을 너에게 주어야겠다고 생각했지."

"왜죠?"

"왜냐하면 오늘 이 순간을 가장 기뻐할 사람이 바로 이 사진 속에 있는 네 아빠이기 때문이야."

사진 속 아빠가 서현이를 보고 환하게 웃고 있었다.

"서현아! 나는 네가 자랑스럽다. 아마 네 아빠도 하늘에서 너를 자랑스럽게 바라보고 계실거야. 마치 이 사진처럼 말이다."

서현이는 사진 속 아빠에게 눈을 뗄 수 없었다.

그러나 눈물 때문에 자꾸 아빠 얼굴이 흐려졌다.

서현이는 눈물을 훔쳤다.

아빠의 웃는 모습을 보고 싶었다.

어쩌면 처음으로 웃는 딸의 모습을 아빠에게 보여 주고 싶었는지도 모른다.

서현이는 눈물을 멈추고 사진 속 아빠를 보고 환하게 미소를 지어 보였다.

그리고 지금까지 한 번도 해 보지 못한 말을 아빠에게 하고 싶었다.

아니, 지금까지 한 번도 할 수 없던 말을 아빠에게 하고 싶었다.

서현이는 조용하지만 분명하게 사진 속 아빠를 향해 속삭였다.

"아빠, 고마워요. 그리고 사랑해요."

사진 속 두 사람이 서현이를 향해 환하게 웃고 있었다.

서현이도 사진 속 두 사람을 향해 환하게 웃고 있었다.